초등학교 때 완성하는
백만불짜리 습관

초등학교 때 완성하는 백만불짜리 습관

초판 1쇄 발행 2012년 4월 10일
초판 2쇄 발행 2013년 2월 13일

지은이 이대희　　**펴낸이** 이지은　　**펴낸곳** 팜파스
기획 한성출판기획(www.ibook4u.co.kr)
책임편집 김민정　　**교정교열** 허지혜　　**디자인** 최설란　　**마케팅** 정우룡
인쇄 (주)미광원색사

출판등록 2002년 12월 30일 제10-2536호
주소 서울시 마포구 서교동 404-26 팜파스빌딩 2층
대표전화 02-335-3681　　**팩스** 02-335-3743
홈페이지 www.pampasbook.com | blog.naver.com/pampasbook
이메일 pampas@pampasbook.com

값 12,000원
ISBN 978-89-93195-76-7 (13590)

ⓒ 이대희, 2012

- 이 책의 일부 내용을 인용하거나 발췌하려면 반드시 저작권자의 동의를 얻어야 합니다.
- 잘못된 책은 바꿔 드립니다.

아이가 잘 크는 모습을 보고 싶다면

초등학교 때 완성하는 백만불짜리 습관

팜파스

머리말

교실은 정글이다. 다양한 가정환경, 다양한 재능, 다양한 생김새, 다양한 생각을 가진 아이들이 한데 섞여 보이지 않는 갈등을 일으킨다. 이러한 갈등 속에서 아이들 간의 서열이 결정되고, 그 과정에서 소외당하는 아이도 생긴다. 그렇다면 어떤 아이가 소외당하고 어떤 아이가 행복하게 학교생활을 해내는 걸까? 나는 그 답이 '습관'에 있다고 본다. 습관이 바르게 형성된 아이는 자신을 꾸준히 바른 길로 이끌어 다양한 성공을 거둔다. 반면 습관이 바르게 형성되지 않은 아이는 학년이 높아질수록 더 많은 문제를 일으키고 그래서 더 많이 좌절한다.

요즘 사회적으로 이슈가 되고 있는 학교 폭력, 따돌림 등이 발생하는 까닭 역시 습관에 있다고 본다. 바르지 못한 습관 때문에 많은 좌절을 겪은 아이들은 자존감과 존재감이 떨어지는데, 일부 아이들은 누군가를 괴롭힘으로써 시소의 원리처럼 자신을 높이려 한다. 그리고 그러한 행동이 습관화되어 문제아가 된다.

저·중·고학년으로 성장하며 이렇게 변해가는 아이들의 모습을 너무나 많이 보았다. 그래서 다양한 방법으로 아이들의 습관을 바로잡기 위해 노력했고, 그 결과 아이들이 크게 변화하는 것을 지켜볼 수 있었다. 하지만 학교에서 교사가 아무리 노력해도 절대로 채워지지 않는 것이 있다. 바로 '엄마'였다. 가정에서 교육은 엄마, 아빠의 몫이지만 현실적으로 아이들에게 많은 시간을 할애할 수 있는 사람은 바로 엄마다. 그럼에도 불구하고 실제로 상담을 해보면 엄마들은 습관의 중요성을 알고 있으면서도 효과적인 교육 방법을 잘 몰라 고민하는 경우가 많았다. 그래서 교실에서 실천한 습관 교육법을 응용하여 가정에서 엄마들이 쉽게 활용할 수 있는 내용들을 묶어 책으로 펴내게 되었다.

이 책은 습관과 연관된 아이들의 생활상을 보여주고, 바른 습관을 형성하는 것이 왜 중요한지 엄마들이 절실하게 깨닫도록 강한 동기를 부여한다. 엄마의 동기가 강해야 아이의 습관을 바꾸고자 하는 엄마의 실천 의욕도 강해진다. 무엇보다 이 책에 담긴 실천 방법들은 쉽기 때문에 큰 부담이 되지 않아 어떤 엄마든 자신 있게 꾸준히 실천할 수 있을 것이다. 단, 실천 방법 가운데 적용 대상이 아이가 아닌 엄마, 가족에 해당하는 것도 있다. 콩 밭에서 콩 나고 팥 밭에서 팥 나듯, 엄마와 가족의 습관이 바르지 않다면 아이의 습관도 바르지 않을 가능성이 크다.

이 책에 나열된 실천 방법을 하나하나 골라 실천하다 보면 아이의 다른 모습들도 동시에 바뀌는 것을 볼 수 있을 것이다. 습관 하나를 바르게 형성해놓으면 아이의 행동 열 가지가 바뀐다. 길은 하나로 통한다. 시간의 차이는 있을지언정 포기하지 않고 산을 오르다 보면 산의 정상에 설 수 있듯, 아이의 습관을 바르게 잡고자 지속적으로 노력하면 아이의 행동이 바뀌고 아이의 인생과 미래까지 바뀔 것이다.

바른 습관으로 행복해진 아이는 행복한 삶을 살게 된다. 물론 아이의 행복한 삶 뒤에는 엄마가 있다.

이대희

contents

머리말 4

1장 엄마의 습관 코칭 '하나'

꿈과 성장

아이는 엄마가 말하는 대로 자란다 13
행복의 기반, 자존감 17
내 아이의 빵치는 재능은 어디에? 21
목표가 있는 아이는 태도가 다르다 24
다시 한 번 하겠다며 일어서는 아이 27
꿈은 꼭 이루어진다고 함께 외쳐주자 31
행복도 연습이 필요하다 34
아이의 오감을 자극하는 여행의 힘 38

2장 엄마의 습관 코칭 '둘'

건강

적절한 잠은 몸과 마음의 보약 43
똑똑한 아이를 만드는 엄마의 아침밥 46
아이의 자존감까지 갉아먹는 비만 49
바른 자세가 아이의 집중력을 키운다 53
생활 속에서 운동하기 56
스트레스를 다스리면 아이가 밝아진다 59
건강한 몸을 만드는 작은 습관들 63

3장 엄마의 습관 코칭 '셋'

자립심

엄마는 아이의 꼭두각시가 아니다 71
스스로 판단하는 아이는 마음이 강하다 75
자기 생각을 크게 말하는 아이는 자신감이 있다 80
현명하게 거절하는 방법을 가르치자 84
삶의 나침반이 될 좌우명을 만들어주자 88
작은 역경은 강한 아이를 만든다 92

4장 엄마의 습관 코칭 '넷'

사회성

배려할 줄 아는 아이는 주변이 따듯하다 99
존중할 줄 아는 아이가 존중받는 사람이 된다 103
신뢰는 작은 약속을 지키는 일에서 시작된다 107
원만한 가정에는 모난 아이가 없다 111
두려움 없는 아이는 낯설어하지 않는다 115
마음의 다리를 잇는 공감의 기술 118
나와 같지 않다고 차별하지 않기 122
인사 잘하는 아이는 예쁠 수밖에 없다 126

5장 엄마의 습관 코칭 '다섯'

대화

대화의 9단, 경청을 가르쳐라 131
비난은 아이를 작아지게 한다 135
타인을 친구로 만드는 '나 전달법' 140
몸짓으로 아이의 말에 날개 달아주기 144
음식으로 아이의 마음을 열어라 147
단정한 말이 단정한 아이를 만든다 151
나쁜 말, 좋은 말, 정겨운 말 155

6장 엄마의 습관 코칭 '여섯'

공부

독서, 우등생을 만드는 일등공신 163
공부 잘하는 아이는 책상과 친하다 168
집중력은 공부의 열쇠 171
성취감을 알면 공부에 빠진다 175
정리정돈은 공부의 또 다른 얼굴 179
동기는 공부의 출발점 183
아이를 유혹하는 것 감시하기 188
자기주도학습, 혼자 공부하는 시간의 중요성 192
내 아이는 성취형인가, 동기형인가 195

7장 엄마의 습관 코칭 '일곱'

경제관념

통장으로 가르치는 목돈의 기쁨 203
행복한 부자가 되게 하자 206
신문으로 아이와 함께 경제를 읽자 209
바른 용돈 관리, 돈을 부리는 아이를 만든다 212
부자의 첫걸음, 절약 교육 215
상술의 유혹에서 아이 보호하기 218
내기하는 아이, 도박하는 어른 된다 222

1장
엄마의 습관 코칭 '하나'

꿈과 성장

아이는 엄마가 말하는 대로 자란다

"오늘은 태도가 좋구나." "발표를 잘하네." "일기 잘 썼어."
몇 마디에도 아이들은 신바람 난다.
이런 간단한 방법을 엄마들은 왜 잊고 있는 것일까?

유난히 산만하고 자주 말썽을 부리는 아이들과 상담을 해보면 집에서 부정적인 말을 자주 듣는 경향이 있다. "너는 왜 맨날 그 모양이니?", "어이구, 동생 반만 닮아봐라", "이것도 점수냐" 같은 말들 속에는 '너는 말썽꾸러기', '너는 부족한 아이', '너는 바보'라는 의미가 숨어 있다. 이러한 말을 자주 듣는 아이들은 신기하게도 그렇게 변한다. 말이 씨가 되는 것이다.

나는 교실에서 "너희들은 책임감이 강해", "와, 수업 태도 좋아

졌네", "거 봐, 너니까 이 정도 한 거야", "너, 잘하던데?"라며 아이들을 격려하는 말을 종종 해준다. 이때 아이들의 얼굴에는 살포시 쑥스러운 표정이 스치지만 눈망울에는 큰 기쁨이 보인다. 그래서 아이들이다. 장난꾸러기인 아이들도 "너 참 조용히 공부 잘하더라"라고 귀엣말을 해준 후 다음 수업 태도를 살펴보면 이전에 좌충우돌 식으로 떠드는 모습과는 달리 내 눈치를 살살 보며 조용히 말한다. 또다시 아이를 불러 "너 이번 시간에 정말 수업 태도가 좋더라. 많이 달라졌어"라는 말을 해준다. 이렇게 여러 번 반복하면 정말로 아이의 수업 태도가 달라진다. 이것이 바로 말의 힘이다.

수업을 하다 보면 미운 아이들이 있다. 이 아이들은 자신의 에너지를 어쩌지 못해 이리 뛰고 저리 뛰고, 이리 참견하고 저리 참견하고, 이 아이를 건들고 저 아이를 건들고, 친구들을 울리고, 물건을 넘어뜨리고, 괴성을 질러 선생님을 힘들게 한다. 이런 일이 반복되면 아이가 미워진다. 선생님은 신이 아니기 때문이다. 초년 교사 시절에는 이런 본능에 충실했다. 아이가 문제를 일으키면 일으킬수록 그 아이가 미워지고 싫어져 꾸중에 꾸중을 더했다. "너는 왜 친구를 괴롭히니? 왜 맨날 친구를 때려? 너 깡패야?" 그런데 어느 날 아이의 일기장에서 이런 글을 읽게 되었다.

"선생님의 꾸중을 들으면 이상하게 진짜로 그렇게 되는 것 같다."

돌이켜보았다. 아! 내가 말한 대로 아이가 변했구나. 이후 마음을 바꾸어 사랑스러운 마음으로 아이를 바라보았다. 그러자 아이에게 해줄 사랑스러운 말들이 많이 생각났다. 그 말들을 하나씩 해주다 보니 아이는 정말 그렇게 변했다.

"너, 오늘은 친구를 덜 아프게 때렸구나. 잘 참았어. 앞으로 조금만 덜 때리자. 너는 사실 친구를 사랑하잖아."

식물도 사랑한다는 말을 들으면 더 잘 자란다고 하는데 하물며 사람은 어떻겠는가.

긍정의 말과 칭찬으로 가르치기

동생을 때린 형에게 "너는 왜 동생을 때리니?"라는 말 대신에 "너는 동생을 사랑하잖아"라고 말하거나, "또 울어?"라는 말 대신에 "너는 웃는 모습이 정말 예뻐"와 같이 긍정적인 말을 사용하면 아이는 정말로 그렇게 변한다. 주위를 지저분하게 어지르기만 하던 아이가 책상을 정리하면 "정리하니까 책상이 한결 깔끔해졌네", 늦잠 자던 아이가 일찍 일어나면 "일찍 일어나니 기분이 상쾌하지? 엄마도 상쾌하구나" 같은 칭찬의 말을 하자. 이때 중요한 것은 화가 나더라도 꾹 참아야 한다는 것이다. 화난 상태에서는 좋은 말이 나올 리 없기 때문이다. 화가 나면 잠시 아이가 없는 다른 곳으로 피해 천천히 10까지를 세고 화를 식인 다음에 아이를 보면 칭찬의 말을 할 수 있을 것이다.

아이를 부를 땐 긍정적인 이름으로

아침잠이 많은 아이를 깨울 때 "부지런한 ○○야"라고 불러보자. 아이가 공부를 하지 않는다면 "공부하는 ○○야", 아이가 잘 운다면 "웃는 ○○야", 아이가 방을 정리하지 않는다면 "정리 잘하는 ○○야"처럼 긍정적인 수식어를 붙여 아이의 이름을 부른다. 덤벙대는 아이에게는 "우리 침착이", 운동을 싫어하는 아이에게는 "운동 짱", 책을 읽으려 하지 않는 아이에게는 "독서왕" 식의 별명을 붙이는 것도 좋은 방법이다.

말의 주어를 아이에서 엄마로

"너는 왜 동생을 때리니?"라는 말의 주어는 '너'다. 이 말을 "엄마는 네가 동생에게 잘해주면 좋겠구나"로 바꾸어 말해보자. 주어를 '너'에서 '엄마'로 바꾸는 것이다. "너는 하루 종일 컴퓨터만 하니?" 대신에 "엄마는 운동도 하고 공부도 하는 너의 모습을 많이 보고 싶은데"라고 바꾸어 말한다. 이런 표현은 최소한 아이를 공격하지 않기 때문에 아이에게 부정적인 이미지를 심어주지 않아 아이의 행동이 부정적으로 변하는 일을 예방할 수 있다.

행복의 기반, 자존감

아이를 가장 많이 학대하는 사람은 누구일까?
바로 아이 자신이다.
자존감이 낮은 아이는 늘 자기 자신을 나무라고 채찍질한다.
슬픈 일이지만 교실에는 자존감이 낮은 아이가 너무 많다.

 교실을 둘러보면 행복해 보이는 아이들이 있다. 푸른 하늘의 하얀 구름처럼 뭔가 밝고 편안해 보인다. 이런 아이들의 특징은 공부나 기타 능력의 우열과는 상관없이 마음이 평안하고 행동도 평안하다는 것이다. 감정의 기복이 크지 않아 쉽게 흥분하지 않고, 실수나 실패를 해도 크게 좌절하거나 포기하지 않으며, 얼굴 표정이 모나리자처럼 온화해 나도 모르게 눈길을 한 번 더 주게 된다. 이 아이들의 엄마와 상담해보면 엄마 역시 아이처럼 평안한 모습을 보인다. 이 엄마들은 아이에 대해 큰 걱정도 큰 실망도 하지 않는다. 물론 큰 기대도 하지 않는다. 평범한 일상에 대한 소소한 질문과 대답이 오갈 뿐이다. 훗날 아이의 소식을 들어보면 최소한 엇나가지는 않았다는 공통점이 발견된다. 모두가 자존감이 높은 데서 기인한 결과다.

"와, 부럽다", "와, 좋겠다", "와, 짱이다"라는 말이 가장 많이 쓰이는 곳은 어디일까? 바로 교실이다. 이런 말을 자주 하는 아이는 누구일까? 바로 자존감이 낮은 아이다. 이런 아이들은 무대 중앙에 서는 주인공이 아니라 늘 관객의 입장에서 박수를 친다. 그럴수록 자신은 더 초라해지고 위축된다. 그러다 그림자같이 소심한 아이가 되거나 싸움, 욕설, 반항, 태만, 시비, 괴성, 장난 같은 비정상적인 방법으로 스트레스를 발산하며 자신의 존재를 알리고 실추된 자존감을 높이려고 애를 쓴다. 결과는 분명한데 말이다. 아이의 이러한 모습이 걱정스러워 엄마들은 "발표는 잘하지요?"라는 질문을 많이 한다. 아이가 무대 가운데 서 있다는 것을 확인하려는 마음에서다. 하지만 "네"라고 자신 있게 말할 수 있는 아이는 적다.

자존감이 낮은 아이들은 대개 자신을 사랑하지 못한다. 아마도 자신을 사랑할 기회가 매우 적었을 것이다. 지시나 비난을 많이 받고, 타인의 의지에 의해 꼭두각시처럼 살아왔을 것이다. 물론 성취감을 느낄 기회도 적었을 것이다. 이런 상황에서 아이는 자신을 비난하고, 자신에게 매질하며, 자신을 싫어하고 혐오하며, 심지어 자신에게서 벗어나고 싶어한다. "이다음에 다시 너 같은 사람으로 태어나고 싶니?"라는 물음에 "차라리 태어나지 않겠어요"라고 딱 잘라 말하던 2학년 아이의 대답은 아직도 잊히지 않는 충격으로 남아 있다.

아이에게 소중한 존재임을 알려주기

두말하면 잔소리다. 비난받거나 무시당하는 아이의 자존감은 상처로 얼룩져 있다. 평소 아이에게 의견을 묻거나, 아이의 제안을 적극 받아들이거나, 아이와 함께 가족회의를 하거나, 아이를 꼭 안아주거나, 편지나 휴대폰 문자로 아이가 소중한 존재임을 표현해 아이가 존중받고 있음을 느끼게 하자. 적절한 칭찬과 격려는 아이가 존중받고 있다는 것을 보여주는 최고의 방법임을 잊어서는 안 된다.

걱정, 부담 등 마음속 짐 덜어주기

종이 위에 아이의 마음속에 있는 걱정, 부담 등을 쓰게 한 후 대화를 통해 그 모든 것이 별것 아님을 상기시키고, 하나씩 지우며 그것들로 인해 걱정하거나 기죽을 이유가 없다고 이야기해주자. "그런 일은 누구에게나 생길 수 있으니 너무 마음 쓸 필요가 없다"라는 진리를 가르쳐야 한다. 마음 비우기를 시킬 때 엄마도 아이가 잘못한 일이나 아이에 대한 서운함 등을 마음속에서 지워버려야만 편안한 상담자가 되어줄 수 있다.

작은 성공 자주 경험시키기

성공이 성공을 낳는다. 아이에게 성공의 성취감을 맛보게 하면 아이의 자존감이 높아진다. 조금만 생각해보면 생활 속에서 작은 성공을 느끼게 해주기는 매우 쉽다. 줄넘기 300개 하기, 문제집 5쪽 풀기, 동네 앞산 오르기, 음식 놓고 3분간 참기, 몸무게 500그램 줄이기, 쉬운 조립식 장난감 만들기, 말 안 하고 2분간 참기, 3분 일찍 일어나기 등등 쉽게 성공할 수 있는 일은 수없이 많다.

하루에 세 번은 스스로를 격려할 수 있게!

자신을 사랑하는 사람은 자존감이 높다. 외풍에 쉽게 흔들리지 않는다. 아이에게 "나는 나를 사랑해", "사랑해, ○○야"라는 말을 하루에 세 번씩 쓰도록 하면 어떤 결과가 나타날까? 아이는 정말로 자신을 사랑하게 된다. "나는 일찍 일어나잖아", "○○야, 너는 참 잘 웃어", "그래도 60점이나 맞았어. 틀린 것보다 맞은 것이 많잖아. 잘했어, ○○야", "○○야, 오늘 너 발표했더라. 잘했어" 식으로 잘한 것을 생각해낸 후 스스로를 칭찬하는 문장을 하루에 세 번씩 쓰게 하면 자존감은 날로 높아질 것이다.

내 아이의 뺨치는
재능은 어디에?

아이가 관심을 가지고 있는 것이 무엇인지,
집중하고 있는 것이 무엇인지,
자주 물어보는 것이 무엇인지 관찰해보자.
자세히 관찰하다 보면 아이의 재능을 찾을 수 있을 것이다.

어느 순간 뺨을 맞듯 눈이 번쩍 뜨이는 기분을 아이들에게서 느낄 때가 많다. 미술을 못할 것 같은 산만한 아이가 찰흙으로 로댕 뺨치는 작품을 만들어놓는다. 수업 시간에는 우물쭈물하며 대답하지 못했던 아이가 역할극 시간에는 배우 뺨치듯 대사를 줄줄 외운다. 수학 시험에 악전고투를 하던 아이가 컴퓨터 앞에서는 프로그래머 못지않다. 이뿐만이 아니다. 몸이 통통해 달리기는 못하지만 축구 시합을 할 때면 박지성 못지않게 드리블을 하며 상대의 골문을 향해 달려간다. 괴성을 질러대던 아이가 오페라 프리마돈나 뺨치는 고운 소리로 노래를 한다.

하지만 아이러니하게도 이렇게 무엇인가를 잘하는 아이들의 엄마와 이야기를 해보면 엄마들은 아이의 그 재능을 알고 있지 못하고 있는 경우가 많다. 절대지존 '공부'라는 벽에 막혀 아이가 갖고 있는 재능을 깨닫지 못하는 것이다. 혹 조금은 알아채더라도 확신하지 못하기 때문에 아이의 뺨치는 재능을 놓쳐버린다. 아이가 가진 재능은 다양한데 공부를 제외한 나머지 재능들이 펼쳐지는 무대는 시간적으로나 공간적으로 극히 적다. 그래서 아이의 숨은 재능을 알아보지 못한다. 아이와 공부의 궁합을 맞춰본 후 아이의 소질이 공부가 아닌 다른 분야에 있다면 재빨리 그 재능을 찾아 적극적으로 키워야 한다. 그것이 아이를 살리는 길이다.

지식의 보고, 도서관으로

집에 아무리 책이 많더라도 도서관보다는 적을 것이다. 주말이나 방학 때 아이를 도서관으로 데려가자. 도서관에서 이 책 저 책을 골라 읽다 보면 아이는 자신의 잠재능력을 일깨울 영감을 깨닫게 되는 극적인 기회를 갖게 될지도 모른다. 특히 도서관에는 많은 잡지가 있다. 과학, 예술, 문화 등 여러 분야의 잡지를 다양하게 골라 읽어 흥미를 키우고, 관심 있는 분야를 스스로 발견하도록 이끌어주어야 한다.

다양한 경험으로 아이의 재능 자극하기

　과학관, 동물원, 기념관, 미술관, 공연장, 영화관, 유적지 등등 재능을 자극할 수 있는 다양한 곳으로 아이를 데려가자. 축구, 노래, 그림, 만들기, 연설, 조립 등 다양한 것을 시켜보고 관찰해보자. 분명 잘하는 것이 있을 것이다. 다행스럽게도 아이의 재능을 발견한다면, 그 재능과 관련된 곳을 찾아가 다양한 것을 경험하게 하자. 축구를 잘한다면 축구장을 찾아가 프로 축구선수의 사인을 받게 하고, 축구 교실에 등록시킨다. 학교의 방과후학교에는 아이의 재능을 테스트할 수 있는 다양한 프로그램이 마련되어 있다. 아이가 관심을 보이는 분야의 방과후학교 프로그램을 선택해 배우도록 하는 것도 좋은 방법이다.

'하지만' 대신 '그리고'라고 말하기

　아이에게 말할 때 "너는 운동은 잘해. 하지만 그림은 못 그려" 식의 대화가 아니라 "너는 운동을 잘해. 그리고 노래도 잘해"라는 식으로 아이의 능력을 짚어주는 플러스 대화법을 구사하자. 물론 아이 스스로도 이러한 화법으로 생각하도록 가르쳐야 한다. 공책을 준비해서 "나는 책상을 잘 치워. 그리고 그림도 잘 그려"처럼 잘하는 것을 아이가 '그리고' 화법으로 써보게 한다.

목표가 있는 아이는 태도가 다르다

나는 교실에서 "~해"라는 말보다 "~까지만 해"라는 말을 자주 쓴다. "청소해"가 아니라 "5분만 청소해", "책 읽어"가 아니라 "50쪽까지만 읽어"라고 말하는 것이다. 그러면 아이들은 훨씬 쉽게 목표에 도달한다.

체육 시간에 그냥 운동장을 돌게 하면 무작정 달리는 아이들이 많다. 선두와 꼴찌 사이의 거리가 기차보다 길다. 하지만 "운동장 세 바퀴만 돌아. 꼴찌 세 명은 다시 세 바퀴다"라고 말하면 모두가 달리기 선수라도 된 듯 100미터 달리기 시합을 한다. 선두와 끝이 많이 좁혀진다. 목표가 생겼기 때문이다.

학교 도서실에서도 비슷한 모습이 펼쳐진다. "책 읽어"라고 말하면 아이들은 독서 시간 내내 책을 바꾸러 들락날락하며 책장을 쇼핑하거나 옆 사람과 잡담을 한다. 하지만 "책 한 권을 읽되, 읽은 내용을 검사한다"라고 목표를 정해주면 책을 바꾸러 다니는 아이가 크게 줄어들 뿐만 아니라 대다수의 아이가 뚫어져라 쳐다보며 책을 읽는다.

급식을 적게 먹는 아이에게 "더 먹어"라고 말하면, 아이는 인상을 쓰고 하소연 아닌 변명을 한다. 그러다가 한 숟가락 정도 더 먹고 잔반이 수북하게 담긴 식판을 갖고서 급식대로 걸어간다. 하지만 "다섯 숟가락만 더 먹어"라고 말하면 군말 없이 먹는데, 먹는 양은 "더 먹어"라고 말했을 때보다 몇 배는 더 많다. 이처럼 아이들에게 목표를 갖도록 하면 효율성은 배가 된다.

아이들에게 목표를 갖게 하는 것은 거창한 일이 아니다. 주변에서 일어나는 작은 일들에서 목표를 찾도록 자연스럽게 유도하고, 목표를 달성하는 과정을 통해 아이들이 목표의식을 습관화하면 된다.

🧍 목표는 성공하기 쉬운 작은 것부터

생활 속에서 아이가 정할 수 있는 목표는 많다. 10분간 책상 앞에 앉아 있기, 책 10쪽씩 읽기, 텔레비전 한 시간만 보기, 줄넘기 300개 하기처럼 생활 속에서 목표를 찾게 한다. 그리고 목표를 실천하기 위한 세부 조건을 정해 실천하도록 한다. 즉, 줄넘기 300개를 한다는 목표가 세워지면 언제, 어디서 할 것인지, 실천한 날을 어떻게 기록할 것인지, 기간은 얼마만큼 할 것인지, 포기할 경우 어떤 책임을 질 것인지 등등을 정하도록 한다.

목표 달성의 성취감 맛보게 하기

　목표 달성의 짜릿함을 맛보면 목표에 대한 강한 동기를 갖게 된다. 물론 성취감은 자주 느끼는 것이 좋다. 성적을 올리게 하려면 쉬운 문제로 좋은 점수를 얻게 하고, 용돈을 저축하게 하려면 작은 돼지저금통에 용돈을 가득 채우게 하자. 정리정돈을 하게 만들려면 날마다 가방을 정리하게 한다. 이렇게 작은 목표들을 성공시켜 성취감을 느낀다면 점점 큰 목표에 도전하려는 강한 동기가 생긴다. 그리고 그 동기는 더욱 큰 목표를 달성하도록 힘을 준다.

잘 보이는 곳에 크게 목표 써 붙이기

　목표를 글로 써서 항상 보는 사람은 생각뿐인 목표를 가진 사람이나 목표가 없는 사람보다 큰 성과를 이룬다. 글은 말보다 효과가 크다. 말은 쉽게 잊어버리지만 글은 잊었던 것도 새로 일깨운다. 목표를 글로 써서 현관문이나 책상에 붙이거나, 책이나 계획표 등에 적어 자주 보고 자주 확인시킨다. '이를 바르게 닦자'라는 목표를 세웠다면 화장실 문 앞에 이렇게 써놓는다. "○○이는 3분간 이를 바르게 닦습니다."

다시 한 번 하겠다며 일어서는 아이

실패를 경험했을 때
"다시 한번 해볼래" 하며 일어서는 아이가 있고,
"해봐야 소용없어"라며 주저앉는 아이가 있다.
이 아이들의 차이는 무엇일까?

    실패와 성공은 마음먹기에 달려 있다는 사실을 교실에서 쉽게 발견하곤 한다. 미술 시간에 그림이 조금 잘못되었다고 도화지를 바꾸거나 찰흙을 뭉개버리는 아이들이 있다. 이런 아이들은 미술 시간이 끝날 때까지 좋은 작품을 만들어내지 못한다. 반면 조금 잘못되었어도 지속적으로 보완하면서 끈기 있게 그림을 그리거나 만들기를 해서 마침내 작품을 완성하고 뿌듯하게 바라보는 아이들이 있다. 체육 시간에도 승부를 가리는 경기에서 자신의 팀이

지고 있다고 쉽게 경기를 포기하는 아이들이 있는가 하면, 지더라도 끝까지 뛰고 달리는 아이들이 있는데 이런 아이들로 인해 역전의 드라마가 펼쳐지는 경우가 많다.

공부는 어떤가? 성적이 안 좋게 나왔더라도 포기하지 않고 계속해서 노력하는 아이들은 얼마 후 예전 성적을 회복할 뿐만 아니라 이러한 메커니즘을 체험으로 알고 있기 때문에 성적이 다소 떨어지더라도 그렇게 낙담하거나 좌절하지 않는다.

저학년에는 고소공포증이 있는 아이가 한 반에 한두 명은 있다. 그런 아이들에게 정글짐을 올라가라고 하면 두 칸만 올라가도 정글짐을 꼭 잡고 덜덜 떨며 두려워하다 결국 포기하고 만다. 하지만 실패하더라도 포기하지 않고 다시 올라가도록 격려해주고 자신감을 심어줘 다시 도전하게 하면 아이는 정글짐 꼭대기까지 올라간다. 자세는 비록 엉성하고 눈가에는 공포심이 채 가시지 않았지만 도전이 안겨다준 기쁨을 즐긴다. 이후 아이는 정글짐 맨 위에 올라가는 것이 취미 활동이 된다. 실패에 굴하지 않고 노력하면 성공할 수 있음을 깨닫게 되는 것이다.

실패에서 작은 성공 찾아주기

불난 집에도 챙길 것이 있다. 홍수에 집이 잠겼어도 건질 것이 있다. 실패했더라도 과정 모두가 실패한 것은 아니다. 그중에는 성공한 과정도 많다. 결과적으로 실패했지만 과정에서 성공했던 것들을 공책에 적어 자신이 한 일 모두가 실패한 것이 아니라 성공한 것도 많이 있음을 깨닫게 하자. 이러한 방법으로 자신감을 갖게 한 후 실패에 이르게 된 원인을 찾아보게 하여 이를 해결한 후 다시 도전하도록 하면 아이는 성공에 한 발 더 다가설 것이다.

성공한 모습 그려보게 하기

성적이 오른 가상 통지표를 만들어 책상에 붙여놓고 자주 쳐다보면 성적을 올리는 데 실패하더라도 다시 도전하게 된다. 발표를 못한다면 연설하는 아이의 모습을 그려 벽에 붙여놓고 발표 연습을 시킨다. 욕을 많이 한다면 아이의 사진에 말풍선을 그려 그 속에 아름다운 말들을 적은 후 보게 한다. 이처럼 아이가 자신이 목표를 정하고 성공한 모습을 그리다 보면 이루고자 하는 의욕도 커질 것이다.

아이에게 다시 도전할 수 있는 용기를!

《탈무드》에서 성공한 사람은 다섯 번 중 두 번 실패했다고 하고, 실패한 사람은 다섯 번 중 세 번 실패했다고 말한다고 했다. 이처럼 실패와 성공은 거의 차이가 없다. 아이가 실패하면 비난하거나 질책하지 말고 목표를 수정하거나 환경을 조금 바꿔 다시 할 수 있도록 격려하면 아이는 반드시 성공할 것이다. 문제집 한 권을 정해놓은 기간에 끝내는 것에 실패했다면 격려해주면서 끝내지 못한 부분에 대한 목표를 세워 다시 도전하게 하자.

꿈은 꼭 이루어진다고
함께 외쳐주자

간절히 바라면 행동이 바뀌고, 행동이 바뀌면 습관이 바뀌고,
습관이 바뀌면 성격이 바뀐다.
성격이 바뀌면 운명이 바뀌고, 운명이 바뀌면 인생이 바뀐다.

아이들에게 꿈을 체험시켜 '꿈은 이루어진다'는 것을 내면화시킬 때 사용하는 방법으로 '꿈 체험 프로그램'이 있다. 방법은 간단하다. 학기 초에 1년 동안 이루고 싶은 꿈 한 가지를 종이에 쓰게 한다. 그리고 꿈의 현실화 가능성과 실천 방법을 생각하고, 꿈을 이뤘을 때의 소감을 쓰거나 모습을 그리게 한 후 그것을 상자에 넣어 칠판 위 태극기 앞에 놓는다. 그러면 아이들은 늘 그 꿈의 상자를 바라보게 된다. 수업 시간 중간중간에 상자를 가리키며 아이들에게 이렇게 말한다. "너희들 꿈꾸고 있지?" 이렇게 1년이 지난 뒤 상자를 열면 상당수의 아이가 흐뭇한 미소를 짓는다. 꿈이 이루어졌기 때문이다.

꿈과 도전은 같은 말이다. 꿈을 꾸다 보면 도전하려는 의욕이 생긴다. 그래서 나는 교실에서 아이들에게 꿈을 꾸게 한다. 성적이 낮은 아이에게는 성적이 향상되는 꿈을 심어준다. 운동을 못하는 아이에게는 운동을 잘하는 꿈을 심어준다. 자주 싸우는 아이에게는 평화의 꿈을 심어준다. 그렇게 끊임없이 이야기하면 아이는 서서히 꿈을 도전으로 바꾼다.

어떤 바람을 지속적으로 갖다 보면 어떤 동기에 의해 갑자기 실천으로 옮겨지는 경우가 있다. 이때 엄마가 동반자, 협력자, 조력자가 되어 같이 실천하면 아이는 큰 힘을 얻을 뿐만 아니라 자신의 행동에 의무감을 갖게 되고 실천 의지 또한 높아져 결국 꿈을 이뤄낸다.

꿈의 현장 체험시키기

서울대에 가고 싶어 하는 아이는 서울대에 데리고 가자. 그곳을 둘러보며 서울대를 머릿속에 각인시키자. 의사가 되고 싶어 한다면 큰 병원을 1층부터 꼭대기 층까지 둘러보게 하자. 그리고 의사와 대화를 나누게 하자. 외교관이 되고 싶어 한다면 외교관과 외국 문화원을 찾아가본다. 사장이 되고자 한다면 유명한 회사를 직접 찾아가 그곳을 둘러보고 그곳에서 일하는 사람들을 보게 한다. 자신이 꿈꾸는 현장을 직접 체험해 꿈을 내면화시키면 아이는 꿈에 대한 간절한 바람을 갖게 된다.

꿈과 희망을 외치게 하기

자신이 바라는 것을 큰 소리로 외치게 하면 그 소리가 마음에 새겨지고, 자신의 바람을 이루기 위한 행동이 시작된다. 줄넘기를 하기 전에 "나는 100개 이상 할 수 있어", 시험을 볼 때 "나는 꼭 90점을 넘길 수 있어", 잠들기 전에 "나는 내일 아침 6시에 일어날 수 있어", 학교에 갈 때 "나는 선생님께 칭찬을 받을 수 있어" 등등처럼 꿈과 희망을 자꾸 외치게 하라. 아이의 마음속 엔진에 시동이 걸려 꿈을 이루기가 쉬워질 것이다.

타임 캡슐 활용하기

아이의 바람과 실천 방법을 적은 종이, 꿈을 이뤘을 때 변화된 아이의 모습을 그린 그림, 꿈을 이루기 위해 사용할 물건 등을 병이나 상자 안에 넣고 "1년 후에 꺼내보자"라고 말하면서 땅에 묻어두자. 그리고 생각날 때마다 묻어둔 곳을 찾아가서 마음속으로 '나는 할 수 있어'라며 스스로를 다독거리게 해보자.

행복도
연습이 필요하다

반에서 1등 하는 아이들에게 "너, 행복하니?" 라고 물어보면
"아뇨, 불행해요" 라고 말하는 경우가 있다.
공부로는 성공했지만 행복하지는 않은 것이다.

아이 행복의 조건 중 가장 중요한 것은 바로 부모다. 부모가 행복하면 아이도 행복할 가능성이 높다. 또 하나, 아이들의 행복과 연관성이 큰 것으로 학원과 공부가 있다. 도시권 아이들은 거의 대부분 학원에 다닌다. 예능과 운동 관련 학원부터 교과 관련 학원까지 종류는 매우 다양하다. 그런데 문제는 과할 정도로 학원을 많이 다니는 아이가 많다는 것이다. 초등학교 저학년인데도 밤 9시가 넘어서까지 학원에 있는 아이가 있는가 하면, 무려 7개 이상 학원을 다니는 아이도 있다. 이런 아이들은 매우 힘들고 지쳐 보이며 삶의 무게로 인한 스트레스를 본능적으로 방출하기 위해 덤벙거리거나 부산스럽거나 신경질적인 경우가 많다.

쉬는 시간에 고등학생 수준의 영어 문장을 보고 있는 4학년 여자아이에게 물었다. "너, 이 내용 다 아니?" 그러자 아이는 "선생님, 미치겠어요. 이거 안 하면 엄마에게 혼나요"라고 대답하며 한숨을 쉬었다. 내용에 관해 질문했는데 감정 표현인 '미치겠다'란 대답을 한 그 아이는 성격이 밝아서 평소 어두운 표정을 짓는 일이 드물었는데, 내면은 그렇지 않았던 것이다.

공부를 잘하는 4학년 남자아이가 있었다. 그 아이는 늘 1등과 '올백'을 강요받았다. 그래서인지 표정이 어둡고 욕을 잘하며 화를 잘 냈다. 아이의 엄마와 상담했는데 엄마는 아이가 힘들어해도 그 고통은 미래의 성공을 위해 거쳐야 하는 지극히 당연한 과정이라고 강조했다. 상담은 그렇게 끝났다. 그런데 아이가 자꾸 여러 가지 일을 벌이기 시작했다. 틀린 답을 고쳐 채점을 잘못했다며 시험지를 내밀거나, 친구를 의자로 때리고 끔찍할 정도의 잔인한 말과 욕을 해 아이들 사이에서 경계의 대상으로 변해갔다. 상담을 하며 아이에게 물어보았다. "행복하니?" 무표정한 아이는 "집을 나가면 행복할 거예요"라고 말했다.

불행하게도 이 두 아이는 계속해서 불행한 삶만 연습하고 있다. 행복도 배워야만 행복해질 수 있다. 행복을 배워야 하는 시기에 불행만 배우고 있으니, 이 아이들은 자칫 '불행한 성공'을 하는 아이들이 될 수도 있다. 겉보기에는 성공했지만 내면은 불행하다면 그것이 바로 불행한 성공이다. 돈은 벌었지만 가족이 떠나가고, 명예를 얻었지만 양심이 떠나가고, 지위를 얻었지만 베풂이 떠나가면 행복에 대한 만족도는 크게 떨어지는 법이다.

성공도 불행한 성공이 아닌 행복한 성공이어야 한다. 성공했을 때 행복을 느껴야 한다. 그리고 그 행복으로 내적 기쁨이 솟아나야 한다. 남에게 과시하기 위한 행복이 아니라 나 자신을 위한 행복이어야 한다. 두 손에 트로피를 들었지만 얼굴이 찡그러진다면 그 트로피는 아무런 의미가 없다. 희생한 게 많은 성공은 행복한 성공이라고 할 수 없다. "아름다운 사람은 지나온 자리도 아름답다"란 말처럼 성공한 사람은 성공한 과정도 아름다워야 한다.

삶의 무게, 엄마의 대화로 덜어주기

대화나 관찰로 아이가 얼마나 힘들어하는지 알아보자. 힘들어하는 원인이 무엇인지 살펴 아이의 삶의 무게를 조절해주어야 아이가 숨을 쉬고 살 수 있다. 다니는 학원이 많다면 적절하게 줄이고, 아이가 공부를 너무 강요한다고 호소하면 공부에 대한 강요의 강도를 낮춰야 한다. 너무 강하면 부러지기 쉽다. 부러지기 전에 고민과 어려움을 미리 감싸 안아줘라. 아이가 행복한 마음을 갖도록 말이다.

성공에 대한 바른 생각을 심어주기

돈, 지위, 권력, 명예는 모두 유리 같다. 놓치는 순간 깨져버린다. 돈, 지위, 권력, 명예는 모두 구름 같다. 잡았다고 생각한 순간 허무하게 사라져버린다. 저축한다면 돈을 얼마나 어떻게 모을 것인지, 또 어떻게 쓸 것인지를 먼저 생각하게 한다. 공부 역시 마찬가지다. 잘살고 과시하기 위해 공부해야 한다고 말해서는 안 된다. 공부를 해서 어떻게 사회를 위해 일할 것인지, 어떤 사람을 도와줄 것인지 함께 진지하게 의논해보자. 그래야만 공부로 행복한 성공을 이뤄낼 수 있다.

행복의 에너지는 나누는 기쁨에서 온다

흔히 봉사의 기쁨이 가장 크다고들 말한다. 성공한 사람으로 존경받으며 화목한 가정을 꾸려가는 사람들 중 상당수는 봉사를 생활화하고 있다. 성공한 사람들은 더 이상 오를 곳이 없어 공허감을 느끼기 쉽다. 이러한 공허감을 없애는 가장 좋은 방법이 자신의 성공을 다른 사람과 나누는 것이다. 저축한 돈의 30퍼센트를 구세군 냄비에 넣거나, 사회단체에 기부하거나, 종교 활동을 통해 봉사하거나, 친구들에게 공부나 기타 자신의 재능을 나누어주는 것도 좋은 방법이다.

아이의 오감을 자극하는 여행의 힘

학교 인근의 산, 공원, 전시장, 기념관 등에
가봤냐고 아이들에게 물어봤다.
놀랍게도 가본 아이들이 절반도 되지 않는다.
30분이면 갈 수 있는 좋은 여행 장소인데도 말이다.

    독서는 경험하지 못한 것을 경험하게 해주는 체험의 장이며, 꿈과 도전의 동기를 심어주는 좋은 매개체다. 그래서 학교에서는 늘 독서를 강조하고 아이들도 독서의 중요성을 잘 알고 있다. 독서만큼 중요한 것이 또 하나 있는데, 바로 여행이다. 여행은 오감으로 느끼는 독서다. 보고 듣고 맡고 맛보며 만지는 과정을 통해 새로운 세계에 대한 총체적인 지식을 얻는다. 그리고 마음속에 꿈과 도전을 심어준다.

여행은 독서보다 큰 힘을 발휘한다. 그래서 학교에서는 체험 활동을 강조해 아이들과 함께 학교 밖으로 많이 나가고 있다. 하지만 여건상 1년에 2~3번 정도가 고작이며, 체험 활동이 강조되는 요즘도 그 횟수가 1~2회 늘었을 뿐이다.

체험 활동은 아이에게 새로움을 안겨준다. 새로움에 감탄하고, 새로움에 호기심 어린 질문을 하며, 심지어 늘 봐온 작은 곤충에게도 관심을 보이게 된다. 장소가 달라졌기 때문이다. 그곳에서 쓴 글과 그린 그림은 교실에서 그린 것보다 더 다양하고 상상력이 풍부한 내용들로 가득하다. 물론 진지한 정도도 사뭇 다르다. "무엇을 하고 싶니?" 하고 물어보면 아이들은 "밤에도 쉽게 다닐 수 있는 숲을 만들고 싶어요", "공룡 공원을 만들고 싶어요", "로켓을 만들어 우주를 다니고 싶어요" 등등 꿈과 도전이 담긴 말들을 속속들이 쏟아낸다.

여행, 어릴수록 좋다

서양 속담에 "자식을 성공시키려면 어려서부터 여행을 시켜라"란 말이 있다. 아이는 시각 언어에 크게 지배받는다. 나이가 어릴수록 모든 것이 새로운 충격이다. 아이가 어릴 때 서둘러 여행을 떠나자. 아이들은 우뇌적 사고가 활발하다. 자전거를 배우면 평생 자전거 타는 법을 잊지 않듯 한 번 여행한 곳은 우뇌에 기억되어 시간이 지나도 잠재적으로 아이의 삶에 큰 영향을 미친다.

버스나 기차를 타고 함께 낯선 곳으로

여행은 준비를 해야 하는 번거로움이 있다. 비용과 시간도 만만치 않다. 그래서 망설이게 된다. 하지만 시간도 많이 필요하지 않고 돈도 많이 필요 없는 여행이 있다. 그냥 버스나 지하철, 시간이 조금 더 있다면 기차를 타고 집 주변을 벗어난 조금 먼 낯선 곳에 내려 그곳을 구경하는 것만으로도 좋은 여행이 된다. 그곳에서 살고 있는 사람들의 모습, 환경 등에 대해 아이와 이야기하고 음식도 사 먹으며 한가로이 걸어보자. 새로운 생각과 동기를 아이에게 내면화시킬 수 있다. 하루면 충분하다.

계획한 여행, 공부하고 떠나자

사람들이 연예인을 보고 싶어 하는 이유는 화면이나 지면으로 많이 접해 실제로 보고 싶다는 동경을 갖게 되기 때문이다. 계획된 여행이라면 여행할 곳을 미리 인터넷이나 책자로 살펴보게 하자. 여행에 큰 흥미를 느낄 뿐만 아니라 실제로 가서 봄으로써 동경한 것이 현실이 되는 성취감을 맛보게 할 수 있을 것이다.

2장
엄마의 습관 코칭 '둘'

건강

적절한 잠은
몸과 마음의 보약

초등학생은 보통 몇 시에 잘까?
놀랍게도 자정을 넘겨 잠자리에 드는 아이가 많다.
아쉽게도 이 아이들은 잠이 지켜주는
몸과 마음의 건강을 놓칠 수밖에 없다.

1교시쯤 눈물을 흘리는 아이들이 있다. 누가 아이들을 울리는 걸까? 원인은 바로 잠이다. 수업 중에 몰려오는 졸음을 참기 위해 눈을 부릅뜨고 연신 하품을 하다 보니 눈물이 글썽글썽 맺힌다. 잠을 참느라 애쓰는 모습이 애처롭다. 의외로 많은 이런 아이들이 놓치고 있는 큰 문제가 있다. 바로 몸과 마음의 건강이다.

성장호르몬은 수면 중 뇌하수체에서 60~80퍼센트가 분비되는데, 밤 10시부터 새벽 2시 사이에 가장 많이 분비되기 때문에 적어도 초등학생은 밤 10~11시에는 잠자리에 들어야 한다. 늦게 잠자리에 들면 늦게 일어나게 되고, 등교 시간을 맞추느라 아침을 굶게 된다. 아침을 굶어 생기는 폐해는 다음 장에서 다루겠다. 잠자리에 늦게 들어 아침밥을 굶는 아이들은 배가 고파 점심 때 식판을 가득 채운다. 바로 식사의 불균형이 생기는 것이다. 식사가 고르지 못하면 영양이나 체중 면에서 문제가 생기기 마련이다.

잠은 마음의 스트레스도 풀어준다. 감정을 정리하고 마음을 한결 가볍게 한다. 또 기억을 정리하고 저장하기 때문에 적절한 잠은 반드시 필요하다. 성격이 온화하고 집중력 있는 아이들은 잠을 충분히 자는 편이다.

충분히 잘 수 있게 배려하기

중학년까지는 밤 10시 전후, 고학년의 경우에는 적어도 밤 11시에는 잠자리에 드는 습관을 갖게 하자. 잠자리에 드는 시간을 정해 가족 모두 함께 잠자리에 드는 방법도 좋다. 전등이나 텔레비전을 끈 후 아이를 잠자리에 들게 하자. 빛을 내는 것들은 뇌를 자극해 숙면을 방해할 뿐만 아니라 건강과 정서에도 좋지 않다. 적어도 아이가 잠자리에 들고 나서 20분 동안은 불빛이 새어 나오지 않도록 하자.

아이의 건강한 잠을 지켜주자

불면증의 원인으로는 심리적 문제, 질병, 수면 습관 등을 꼽을 수 있다. 특히 심리적으로 불안하거나 감정이 고조되었을 때는 잠이 오지 않는다. 밤 12시 넘어서까지 공부를 하는 아이는 잘 시간을 놓쳐 잠을 이루기 힘들다. 수면 중의 무호흡이나 코골이, 이갈이 등도 숙면에 문제가 된다. 아이가 잠자는 모습을 밤 12시, 새벽 2시, 새벽 4시 식으로 관찰해 아이의 수면 습관을 확인해보는 것도 좋은 방법이다.

잠자기 전 음식이나 운동은 절대 금물!

자기 전에 음식을 먹으면 수면 중 소화기관이 음식물을 소화시키기 위해 움직여야 하므로 그만큼 몸이 피로해져 숙면에 방해가 된다. 운동을 하면 몸의 움직임으로 인한 피로물질이 쌓이므로 이 역시 숙면에 방해가 된다. 따라서 잠자기 한두 시간 전에는 음식을 먹어 위를 피로하게 하거나, 운동을 해서 몸이 피로해지지 않도록 해야 한다.

똑똑한 아이를 만드는 엄마의 아침밥

아침에 그렇게 아옹다옹 부산스럽던 아이들도
점심을 먹고 나면 차분해지고 조용해진다. 싸움도 덜 한다.
아이들 싸움의 상당수는 아침에 일어나는데,
일부는 아침밥과 관계가 있다.

학교에서는 종종 아침 먹기 캠페인이 벌어진다. 등굣길에 피켓을 든 학생들이 아침 먹기 캠페인을 하고, 가정통신문으로도 아침밥의 중요성을 알린다. 정말 중요한 문제다. 한 조사에 따르면, 무려 20퍼센트 이상의 아이가 아침을 굶고 학교에 간다고 한다.

아침에는 밥맛이 없다. 몸의 내부기관이 아직 리듬을 찾지 못했기 때문이다. 늦게 일어나 등교 시간에 쫓겨 아침을 굶고 학교로 내달리는 경우도 비일비재하다. 물론 저녁에 이것저것 먹어서 더부룩한 배를 만지며 아침 식탁을 소 닭 보듯 하는 아이도 많다. 이런저런 이유로 많은 아이가 아침을 굶는다.

하지만 아침을 거르면 공복 시간이 무려 16시간 이상 되어 점심 이후 폭식을 하게 돼 비만의 원인이 되고, 뇌가 필요로 하는 포도당의 공급이 줄어 집중력이 떨어진다. 예민해져서 감정의 기복 또한 심해진다. 아침식사를 하지 않거나 부실하게 한 아이는 신경질적이고 말썽도 많이 일으키며 부산스러운 모습을 보인다.

엄마의 속삭임으로 20분 일찍 여는 아침

20분 일찍 일어나면 그만큼 여유가 있고 몸도 아침에 적응해 식욕이 높아진다. 잠자리에서 일어나지 않으려고 하면 아이의 볼이나 머리를 쓰다듬으면서 속삭이듯 "어제 엄마도 도와주고, 너무 고마워요" 하며 전날 있었던 일을 칭찬하거나, "우리 딸, 지금 일어날 거죠? 훌륭해요"라면서 부드럽게 속삭이면 아이는 의외로 쉽게 일어난다. 가벼운 속삭임이 뇌를 자극해 잠에서 깨우기 때문이다.

가벼운 운동으로 아이의 몸과 정신을 깨우자

적당한 산책은 식욕을 증진시킨다. 막 잠에서 깬 몸은 움직일 준비가 되어 있지 않고, 뇌나 내장기관도 마찬가지다. 따라서 동네 주변 5분간 돌기, 청소, 스트레칭 등 가볍게 몸을 움직이도록 하면 식욕이 향상되어 아침밥을 먹기 쉽다. 특히 아이와 함께 스트레칭을 할 것을 권장한다. 어깨를 눌러주거나 몸을 당겨주면 아이와의 친밀감이 높아지고 아이의 몸도 아침에 빨리 적응된다.

저녁은 저칼로리 식단으로

    저녁을 너무 늦게 먹거나 야식을 먹으면 위에 음식물이 남아 있어 위가 피로해지기 때문에 아침 밥맛이 더 떨어진다. 따라서 저녁을 적게 먹도록 한다. 저녁 7시쯤 식사를 하거나 간식을 먹으면 시장기도 덜하고 잘 때 위의 부담도 적다. 야채나 채소를 먹은 뒤 식사하도록 지도하면 아이는 그만큼 소식할 수 있다. 야채를 싫어한다면 소스를 준비해 함께 먹게 하면 거부감이 적을 것이다.

아이의 자존감까지 갉아먹는 비만

비만한 아이들은 대개 음식에 대한 욕구를 참지 못한다. 그래서 많이 먹는다. 급식 때 식판을 가득 채워 가는 아이들 중에는 비만한 아이가 많다.

　　초등학생의 비만은 심각한 수준이다. 10년 전보다 아이들의 평균 체중이 부쩍 늘어났다. 어느 반이건 교실을 대충 훑어봐도 비만한 아이가 30퍼센트는 발견된다. 더욱 심각한 문제는 고학년으로 갈수록 이 비율이 높아지는 것은 물론 고도비만 아이가 더 늘어난다는 것인데, 비만이 평생 고착화될 수도 있음을 명심해야 한다. 소아비만의 80퍼센트 이상이 성인 비만으로 이어진다.
　　뚱보라고 놀림받을 정도의 고도비만아는 한 반의 10퍼센트 정도다. 이 아이들이 받는 스트레스는 어른들이 생각하는 것 이상이다. 교실은 정글의 법칙에 지배받는다. 성격, 외모, 능력 등에 의해 인기 순위가 정해지는데, 인기 있는 아이들 중 '뚱보'인 아이는 드물다. "선생님, 쟤가 뚱뚱하다고 놀려요"라고 도움을 요청하는 아이에게 일시적인 해결책은 제시할 수 있지만, 본질적인 해결책은 제시하지 못해 마음이 아플 때가 많다.

특히 초등학교에서는 운동 잘하는 아이가 인기가 많은 편이다. 아이들에게 체육은 최고의 과목이고 선망의 시간이다. 체육 시간에 두각을 나타내는 아이들의 자신감은 남다르다. 하지만 비만한 아이들은 체육 시간이 버겁다. 체육 시간에 자신의 비만이 빛을 발하기 때문이다. 몸이 마음처럼 움직이지 않아 속상한데, 친구들로부터 질책이나 무시까지 받는다. 그 결과 아이의 몸과 마음은 점점 가라앉는다. 그 서러움을 음식으로 메우려고 하면서 더 살이 찐다. 악순환이다.

25번 씹기, 뇌를 배불리는 식사 습관

음식을 천천히 씹어 먹으면 섭취 시간이 길어져 뇌가 포만감을 느끼면서 식욕이 줄어든다. 그만큼 음식 섭취량이 줄어든다. 천천히 씹어 먹으면 침이 당을 분해하기 때문에 소화가 촉진되어 지방으로 축적되는 양도 줄어든다. 밥을 먹을 때 아이가 25번 씹을 수 있도록 함께 숫자를 세거나, 아이 스스로 25회를 세며 음식을 씹게 해보자. 25번이 너무 많다고 생각되면 씹는 속도를 천천히 해서 15회 정도 씹으라고 말해주자. 한 달 정도 꾸준히 지도하면 습관화될 것이다.

아이의 폭식을 막는 타임아웃 식사법

먼저 밥상에 밥만 놓는다. 그리고 밥을 3분의 1 정도 천천히 먹게 한다. 그리고 타임아웃(Time-out) 시간을 5분 갖고 다시 반찬을 놓고 밥을 먹게 한다. 이렇게 식사를 하면 밥 먹는 것이 조금은 힘들어도 최소한 폭식은 방지할 수 있다. 밥보다 채소를 먼저 먹는 것도 좋은 방법이다. 당근, 오이, 양배추 등을 먼저 먹은 뒤 타임아웃 시간을 5분 동안 가진 후 다시 밥을 먹으면 식욕이 떨어져 폭식을 할 가능성이 줄어든다.

가득 찬 냉장고는 비만의 주범

냉장고에 먹을 음식이 많으면 당연히 음식을 자주 꺼내 먹게 된다. 방도 거실도 마찬가지다. 과자, 빵, 과일이 보이면 심심풀이로 그것들을 먹게 된다. 냉장고에서 쉽게 꺼내 먹을 수 있는 음식들을 줄이고, 방과 거실에서도 간식거리를 없앤다. '냉장고를 열어봤자 먹을 건 없어'란 생각이 아이의 뇌리에 각인되도록 한다. 집 안 곳곳을 살펴 과자, 빵 같은 것들을 모두 없애자.

패스트푸드나 단 음식에 중독되지 않게

햄버거, 치킨, 피자, 라면, 콜라, 과자, 아이스크림 같은 음식은 열량이 높아 쉽게 비만에 이르게 한다. 또한 한 번 맛을 들이면 쉽게 잊지 못할 만큼 중독성이 강하다. 저학년부터 이런 음식을 사주는 횟수를 되도록 줄여야 습관화되지 않는다. 특히 햄버거, 치킨, 피자는 고열량 음식이기 때문에 아이가 원하더라도 자주 사주지 않는 엄마의 단호함이 필요하다. 일 년에 몇 번 정도는 큰 영향이 없으므로 아이의 정서를 생각해 무조건 사주지 않기보다는 입맛이 길들여지지 않는 선에서 적절히 조절한다.

바른 자세가
아이의 집중력을 키운다

서당 개 3년이면 풍월을 읊듯, 앉은 자세만 봐도
그 아이의 내면을 어느 정도 짐작할 수 있다.
앉은 자세가 바른 아이는 학습, 건강, 정서적인 면에서
좋은 모습을 보인다.

건강

수업을 하다 보면 신기한 공통점들을 발견하게 된다. 가장 눈에 띄는 점은 자세가 바른 아이들의 집중력이 그렇지 못한 아이들에 비해 매우 높다는 것이다. 자세가 바르지 못한 아이는 쉽게 싫증을 내고 인내력이 떨어지며 부산스럽다. 또 학습 능력이 떨어지고 몸이 약한 경우가 많다.

아이들이 책을 읽는 모습은 천차만별이다. 바른 자세로 읽는 아이도 있지만 한 손 또는 두 손으로 턱을 괸 아이, 코가 책에 닿을

듯 머리를 숙인 아이, 엉덩이를 의자 앞으로 쭉 당겨 허리를 둥글게 만 채 책을 읽는 아이 등등 다양한 모습을 볼 수 있다. 걸음걸이를 살펴도 재미있는 현상이 발견된다. 팔자걸음을 걷는 아이, 종종걸음을 걷는 아이, 지그재그로 걷는 아이, 타박타박 한 발에만 힘을 주고 걷는 아이들이 발견된다. 차려 자세로 서 있는 아이들의 몸을 보아도 어깨가 앞으로 굽거나 한쪽으로 굽은 아이, 허리선이 바르지 못한 아이, 머리가 옆으로 기울어진 아이 등 바르지 못한 자세를 쉽게 발견할 수 있다. 이처럼 자세가 바르지 못한 아이들은 체육 시간에 자주 넘어지고 지구력이 적으며 비염, 복통, 변비, 척추측만증, 두통 같은 병에 쉽게 걸린다.

하루에 5분, 아이와 함께 바른 자세 연습하기

하루에 딱 5분씩만 투자하면 아이의 자세를 교정할 수 있다. 의자에 바르게 앉아 책 읽기 5분, 바르게 걷기 5분, 차려 자세로 몸을 쭉 펴고 바르게 서 있기 5분 등으로 바른 자세를 꾸준히 연습시키면 된다. 이때 엄마도 같이 하면 아이는 더욱 진지하게 연습을 할 것이다.

꼿꼿한 허리와 머리, 바른 자세의 초석

공부하거나 컴퓨터를 할 때 허리를 구부정하게 구부리는 경우가 많다. 이런 자세를 장기간 유지하면 요통, 디스크, 어깨 처짐, 척추측만증으로 고통받을 수 있다. 따라서 평소 의자에 앉을 때 의자를 책상 쪽으로 당기고, 허리를 등받이에 대고 반듯이 펴도록 지도한다. 또 고개를 반듯하게 들고 책을 보도록 지도해야 어깨가 구부러지지 않는다.

테이프로 잡아주는 아이의 바른 걸음

거실에 테이프로 직선을 그은 후 그 선을 따라 다리를 모아 가지런히 걷게 하면 팔자걸음이 교정된다. 걸을 때는 허리를 반듯하게 펴고 가슴을 약간 내밀며 걷도록 지도한다. 밖에 나가서도 걸어갈 방향을 보고 허리를 편 채 반듯하게 걷도록 지도하면 아이의 걸음이 교정된다.

생활 속에서 운동하기

공부하지 않는 아이에게 화를 내는 엄마는 많아도
운동하지 않는 아이에게 화를 내는 엄마는 적다.
공부가 아닌 운동이 아이의 건강을 지켜준다는 것을
엄마들은 쉽게 잊는다.

체력이 좋은 아이들은 학교생활을 활발하게 할 뿐만 아니라 자신감이 있고 적극적이다. 축구를 하는 경우 끝날 때까지 지치지 않고 뛰는 아이가 있는데 정말 체력이 대단하다. 이 아이들 덕택에 팀이 지지 않는다. 볼수록 신뢰감이 간다.

중학년의 경우 줄넘기 100개를 한 번에 넘지 못하는 아이가 많다. 두세 번 발이 걸린 뒤에야 100개를 겨우 채운다. 이 정도는 그래도 봐줄 만하다. 어떤 아이는 체력이 달려 100개를 다 하지 못하고 바닥에 주저앉는다. 고학년의 경우에도 이러한 아이들이 존재한다. 문제는 이런 아이들의 마음자세가 적극적이지 못한 경우가 많고 생활 속에서 운동을 거의 하지 않는다는 데 있다.

아이들이 등교하는 아침, 아이들이 학교까지 걸어가는 것이 안쓰러워 차에 태워 교문 앞까지 데려다주는 부모님을 흔히 볼 수 있다. 하지만 중요한 사실을 간과한 행동이다. 아이가 아침에 학교까지 걸어가면 그만큼 운동하는 셈이다. 몸을 움직이기 싫어하는 아이들은 체육 시간에 쉽게 지쳐버려 스탠드에 앉아 있기 일쑤며, 공부할 때도 집중력을 발휘하지 못한다. 체력이 약하기 때문이다.

아이와 함께 산책하기

걷기의 효과는 매우 크다. 관절, 뼈, 심장 등 몸에 무리를 주지 않고 몸 전체를 발달시키며 체중 조절, 두뇌 건강, 질병 예방에 도움이 된다. 만보기를 사서 하루에 5000보 이상 걷도록 하거나, 버스 두세 정거장 거리는 차를 타지 않고 걸어가게 하거나, 앞산을 일주일에 두세 번 오르게 하거나, 아파트 계단을 오르게 하는 등 아이에게 걷는 기회를 자주 주어야 한다. 특히 저녁을 먹고 가족이 함께 잠시 밖으로 나가 산책을 하면 그만큼 걷게 되니 건강에도 좋고, 아이와의 유대 관계도 깊어져 여러모로 도움이 된다.

엄마 트레이너가 개발하는 실내 운동

운동은 집 밖에서만 하는 것이 아니다. 집 안에서도 충분히 할 수 있다. 팔굽혀펴기 20번, 윗몸 일으키기 20번, 오리걸음으로 방이나 거실 20바퀴 돌기, 앉았다 일어나기 20번, 훌라후프 20개, 제기차기 20개, 발뒤꿈치 들고 발가락으로만 20초간 쪼그려 앉아 있기, 방과 거실에서 빠르게 걷기 20초, 한 발로 서 있기 20초 등 실내에 적합한 운동을 개발해 아이와 같이 한다. 헬스 자전거 같은 운동기구를 이용하는 것도 바람직하다.

가족이 함께하는 운동의 시간, 대화의 시간

수영, 등산, 배드민턴, 산책, 구기 운동, 줄넘기, 자전거 타기처럼 가족 모두가 같이 할 수 있는 운동이 많다. 그중 하나를 정해 가족 모두 참여해 운동할 기회를 많이 만든다. 일요일을 활용해 집 밖으로 나와 같이 운동을 하면 건강뿐만 아니라 가정의 화목까지 챙길 수 있다. 등산은 매우 좋은 방법 중 하나인데, 동네 앞산을 가족과 함께 오르면 시간 부담도 적을 뿐만 아니라 가족 간에 대화의 시간도 가질 수 있어 일석이조다.

스트레스를 다스리면
아이가 밝아진다

'화', '열', '욱'. 이 단어들은 모두 마음과 관계가 깊다.
많은 사람들에게 쉽게 찾아오고 깊어지면 병이 된다.
요즘 들어 아이들에게서 너무 자주 발견돼 걱정스럽다.

요즘 아이들은 스트레스를 많이 받는다. 싸움, 고함, 소동, 뜀박질, 부산스러움, 산만함, 따돌림, 욕설, 낙서, 흐트러진 물건 등등 아이의 감정에 분명 무엇인가가 쌓여서 나타나는 현상들, 즉 스트레스적 현상을 쉽게 찾아볼 수 있다. 저학년 아이들도 화가 나면 선생님 앞에서 소리를 지르고 씩씩거리거나 물건을 집어던지는 행동을 하는데, 이 역시 스트레스와 관련 있다. 심한 경우 선생님 앞에서 서로 주먹다짐을 하고, 머리를 붙잡고 바닥을 뒹군다. 하지만 잘못을 아이들 탓으로만 돌릴 수는 없다. 스트레스를 분출할 장소와 대상을 잘못 선택한 것일 뿐이다. 스트레스를 잘 다스리면 아이들은 금방 온순해지고 밝아진다. 운동을 하거나 신나게 웃으며 뛰어논 뒤나 점심을 먹고 나면 아이들에게서 스트레스적 현상이 현저하게 줄어든다. 스트레스가 동적 활동 또는 취미 활동에 자연스럽게 녹아 분출되기 때문이다.

아이들의 스트레스는 건강과도 직결된다. 스트레스가 많은 아이는 잔병치레가 잦고, 소식 또는 폭식을 하는 등 식사도 불규칙하다. 아토피 증상이 나타나거나 키나 몸무게가 불균형적이며 두통과 복통 같은 심리적 통증을 호소하기도 한다. 심한 경우 우울증으로 발전할 수도 있다. 아이의 우울증은 어른과 달리 쉽게 발견하기 어렵다. 증상이 장난, 괴성, 웃음, 활발한 행동 등으로 나타나는 경우가 많기 때문이다.

스트레스는 주위 친구들에게까지 악영향을 끼치는 경우가 흔하다. 고학년의 경우 누군가를 괴롭히거나 따돌려서 자신의 스트레스를 해소하는 경우도 있고, 심지어 선생님에게 도전장을 내미는 아이들도 있다. 이런 아이들과 대화를 해보면 가정에서 받은 무관심, 방관, 비난의 모습이 발견되는 동시에 교실에서만큼은 자신의 존재 가치를 낮추지 않겠다는 의지가 감지된다. 가정에서 쌓인 스트레스를 학교에 와서 풀겠다는 것인데 그 행동의 결과는 고스란히 선생님이 해결해야 할 몫이 되어 아이와 선생님의 줄다리기가 이어진다.

적절한 운동으로 스트레스 풀기

아이가 스트레스를 많이 받고 있다면 종종 함께 운동을 해보자. 같이 운동을 하고 나면 마음이 탁 풀리고 편해져서 이야기가 잘 통하고, 말도 더 잘 듣고, 부적응 행동이 많이 줄어든다. 적어도 1주일에 3일 이상 하루 30분 이상 운동해 심적 스트레스를 몸으로 풀도록 해준다. 흥미를 끌 수 있는 탁구, 농구, 축구부터 태권도, 음악 줄넘기 같은 스포츠 활동과 연계하여 진행하면 더욱 효과적이다.

신나게 노는 아이는 스트레스가 없다

휴식은 스트레스를 줄이는 좋은 방법이다. 공부나 일에서 벗어나 놀이, 산책, 대화, 운동 같은 정신적인 휴식 시간을 줘서 불안을 해소해주고 마음을 여유롭게 해준다. 아이들은 마음껏 놀 때 스트레스가 줄어든다. 컴퓨터, 독서, 텔레비전 시청, 휴대폰 만지기 등은 정신을 집중해야 하므로 휴식과는 거리가 멀다.

대화, 최고의 스트레스 해소법

말을 하면 마음이 후련해진다. 스트레스는 반드시 버려야 하고 그 방법 중 하나가 바로 말이다. 교실에서 갑자기 엉뚱한 일을 저

지르는 아이들은 재잘재잘 떠드는 아이가 아니라 평소 말없이 조용히 있던 아이들이다. 선생님들이 이런 아이들에게 주목하고 말을 많이 시키는 것도 알게 모르게 있을 스트레스를 풀어주기 위함이다. 아이들과 대화하기에 가장 좋은 시간은 식사 시간이다. 먹을 때는 마음도 편해지기 때문이다.

건강한 몸을 만드는 작은 습관들

손 씻기, 옷 털기, 마스크 착용하기, 천천히 씹기 등등
건강을 지켜주는 작은 습관들이 있다.
평소 조금씩만 신경을 써 이러한 습관을 실천하면
큰 병을 막을 수 있다.

교실에서 청소한 후 손을 씻는 아이는 몇 명이나 될까? 정답은 '거의 없다'이다. 체육을 하고 나서도 마찬가지다. 손을 씻으라고 교육해도 실제로 손을 씻는 아이는 30퍼센트도 채 되지 않는다. '하루에 여덟 번 손을 씻어야 한다'는 화장실 세면대 앞의 캠페인 글귀가 무색할 정도다.

감기 걸린 아이들 중에 마스크를 하고 학교에 오는 아이는 몇 명이나 될까? 이 역시 거의 없다. 그래서 교실에서 한 명이 감기에 걸리고 일주일 정도 지나면 어느새 많은 아이에게 감기가 퍼져 나간다. 감기에 걸리지 않았어도 감기가 유행할 때 자신의 몸을 지키기 위해 마스크를 하고 학교에 오는 아이는 극히 드물다.

급식 식단의 메뉴 중 가장 인기 있는 먹을거리는 무엇일까? 바로 육류다. 채소, 나물, 된장국 같은 식단은 아이들에게 별로 인기가 없다. 닭고기, 불고기, 돈가스 등이 반찬으로 나온 날에는 안 보이는 경쟁이 벌어진다. 하지만 채소는 아이들에게 외면당하고 다시 급식실로 실려 갈 위기에 처한다. 다행히 강제 배분이라는 비상 처방으로 이런 위기를 모면하지만 채소의 인기는 회복될 줄 모른다. 아이들이 채소를 쳐다보는 싸늘한 눈빛은 고기를 쳐다보는 따스한 눈빛과는 대조를 이룬다.

식사 시간이 20분이 넘는 아이는 거의 없다. 절반가량의 아이가 10분 안에 식사를 끝낸다. 심지어 어떤 아이들은 5분 만에 식사를 끝낸다. 초스피드다. 이런 습관이 몸에 배면 소화기 질환에 걸릴 확률이 크다. 그래서 학교에서는 급식 지도에 많은 시간을 할애한다.

대중교통을 이용해 현장 체험 학습을 갈 때 자리가 비어도 서 있는 아이들은 별로 없다. 지하철에서 서서 가려는 아이는 거의 보지 못했다. 자리가 나면 아이들은 재빠르게 가서 자리에 앉는다. 서 있는 습관이 들지 않았기 때문이다. 서 있을 때 얻는 건강의 이점을 잘 몰라서이기도 할 것이다.

운동장에 넘어졌다가 일어날 때 옷에 묻은 흙을 확실하게 터는 아이 역시 거의 없다. 그래서 옷에 묻은 흙먼지가 교실과 집으로 그대로 옮겨진다. 건강에 적신호가 켜진 것이나 마찬가지인 상황이 벌어질 수밖에 없다.

작은 구멍이 큰 댐을 무너뜨리듯, 잘못된 작은 습관 하나가 건강을 망친다. 반대로 작은 벽돌이 모여서 큰 집을 이루듯, 작지만 좋은 습관 하나하나가 모여서 건강을 지켜낸다. 아이의 건강을 위해 다음에 나오는 작은 습관들을 꼭 알려주자.

- 걷기 운동으로 몸에 산소 불어넣기
  걷기는 좋은 운동이다. 빨리 걸으면 유산소 운동을 하는 것이나 다름없다.

- 먼 곳 보기
  수정체가 유연해져서 시력 감퇴를 예방한다.

- 체중 재기
  체중의 변화를 체크하면 비만에 대한 경계심이 높아진다.

- 현관 앞에서 옷 털기, 귀가 후 손 씻기
  외부에서 실내로 유입되는 세균을 상당 부분 차단할 수 있다.

- 기지개로 위축된 몸 깨우기
  기지개는 위축된 근육과 신경을 자극해 몸의 긴장을 풀어주고 마음을 활기차게 해준다.

- **겨울에 내복 입기**

  내복을 입으면 체감온도가 평균 3~6도 오른다. 또한 면역력이 높아지고, 몸을 움츠리지 않아 당당한 자세를 유지할 수 있다.

- **마스크 쓰기**

  마스크는 찬 공기로 인한 폐의 부담을 줄이고, 먼지로부터 감염되는 것을 막아준다.

- **하루 물 8컵 마시기**

  물은 몸의 독소를 정화시키고, 혈액을 맑게 해주며, 각종 병을 예방해준다.

- **3·3·3이 닦기**

  양치질을 할 때는 하루 3번, 3분 이상 닦으며, 음식물을 섭취한 후 3분 안에 닦는다.

- **제대로 손 씻기**

  손만 제대로 잘 씻어도 눈병, A형 간염, 감기, 설사, 식중독 같은 여러 질병을 예방할 수 있다.

- **계단 오르기**

  한 연구 결과에 의하면 계단 오르기는 속보의 2배, 비탈길을 오르는 것보다 50퍼센트 이상 힘이 더 들기 때문에 큰 운동이 된다고 한다.

- **코로 숨쉬기**

  코로 호흡하면 배를 움직이는 복식호흡을 하게 된다. 복식호흡은 내장기관을 활성화시킨다. 코로 숨을 쉬면 세균과 먼지가 코털로 걸러져 세균의 유입이 차단되고 차가운 공기도 따스해져서 폐의 부담이 줄어든다.

• 제때 소독하기
다쳤을 때 소독하지 않으면 상처가 악화될 수 있다.

• 음식의 성분표 읽기
과자나 음료를 살 때 성분표를 확인해 지방, 나트륨 등이 적은 것들을 먹는다.

• 환기시켜 맑은 공기 마시기
겨울에는 세균도 추위를 타기 때문에 실내로 모여드는데, 문이 닫혀 있으면 외부로 배출되지 않는다. 문을 닫아놓으면 이산화탄소의 농도가 높아져 호흡에도 좋지 않다. 세 시간마다 5분 이상 창문을 열어 환기시킨다.

• 씻고 나서 잘 말리기
머리를 감거나 목욕을 한 다음 머리, 발가락, 겨드랑이, 샅 같은 곳을 잘 말리지 않으면 습기로 인해 피부병이 생길 수 있다.

3장
엄마의 습관 코칭 '셋'

자립심

엄마는 아이의 꼭두각시가 아니다

과잉보호 받으며 자란 아이는 항상 누군가의 도움을 필요로 한다.
그래서인지 너무 자주 일러 선생님을 피곤하게 한다.
선생님을 엄마로 착각하기 때문에 일어나는 현상이다.

저학년에서 자주 일어나는 일이다. 엄마의 극진한 보호를 받고 자란 아이들은 학교생활에 잘 적응하지 못한다. 집에서는 왕자나 공주처럼 떠받들어줬지만 초등학교에 입학한 이후에는 다른 친구들과 평등하게 대접받을 뿐만 아니라 스스로 자신이 맡은 일을 해야 하며, 심지어 선생님께 꾸중을 듣는 하늘이 무너지는 일이 벌어진다. 아이들은 본능적으로 이러한 일을 회피하려 하는데, 대표적인 경우가 바로 학교에 가지 않으려고 하는 것이다. 부모의 시중을 받으며 왕처럼 지낼 수 있는 집이 있는데 뭐하러 고생하며 학교에 다니겠는가? 이때부터 엄마는 아이와 등교를 놓고 한판 승부를 벌인다.

　이러한 아이들 중 일부는 엄마를 통해 선생님을 조종하려는 경우가 있다. 학교에서 마음에 들지 않는 일이 있을 경우, 즉 급식을 정량 먹어야 하거나, 짝이 마음에 들지 않을 때, 좋은 평가를 받고 싶을 때, 선생님께 혼날 일이 있을 때 엄마에게 "선생님이 나만 밥을 다 먹으래. 그래서 자꾸 토할 것 같아", "짝이 자꾸 날 괴롭혀. 짝을 바꿨으면 좋겠어", "선생님은 나만 미워하는 것 같아. 나한테 막 화를 내. 선생님이 싫어" 등과 같은 검증되지 않은 말로 엄마의 자식 사랑 본능을 자극한다. 그러면 일부 엄마는 자세한 내막을 알아보지도 않고 전화나 편지, 직접 방문 등을 통해 선생님에게 아이의 불만을 이야기한다. 때론 이렇게 해서 아이의 바람이 이루어지기도 하는데, 이런 일이 계속 반복된다면 아이는 리모컨으로 텔레비전을 조종하듯 엄마와 선생님을 조종하려고 들며, 결국 엄마를 꼭두각시로 만든다. 심한 경우 중학년까지 이런 버릇이 이어져 엄마는 고난의 길을 걷게 된다. 나중에 아이에게 이용당한 것을 깨닫더라도 이미 먼 길을 와버렸다. 망가져버린 아이의 버릇으로 인해 엄마는 크게 후회하게 된다.

　과잉보호 받으며 자란 아이는 자주 이르고, 자주 울며, 자기 물건을 정리하지 못하고, 친구들 앞에 당당하게 서지 못한다. 물론 자신의 일을 끝까지 처리하지 못해 선생님과 옥신각신 줄다리기를 한다. 자칫 친구들 사이에서 소외당할 수 있을 뿐만 아니라 고학년이 되면 아이의 이런 성향으로 인해 엄마가 어려움에 빠질 수도 있다. 자기 일을 스스로 하는 아이는 타고나는 것이 아니라 엄마가 만드는 것이다.

엄마가 다 해주지 말자

필요한 것을 모두 해주면 아이는 부모의 곁을 떠나려 하지 않는다. 꿀 같은 낙원이 있는데 누가 거친 세상 속으로 가려고 하겠는가? 심부름, 방 청소, 양말 빨기, 밥상 차리기, 책상 정리, 쓰레기 봉투 버리기 등 작은 일은 아이에게 시키자. 아이가 공부를 하더라도 해야 할 일은 반드시 스스로 하도록 한다. 저학년 때부터 가까운 거리는 혼자 버스를 타게 하거나, 어떤 장소를 혼자 찾아가도록 하거나, 혼자 집을 보게 해서 자립심을 키워주자.

우는 아이를 지켜보는 강한 엄마가 되자

동물들은 새끼가 힘들어하더라도 매몰차게 새끼를 외면한다. 아이가 넘어져도 외면하자. 조금 다쳤다면 스스로 치료하게 하고, 밥을 안 먹는다면 굶기자. 무언가 사달라고 울며 보채도 들어주면 안 된다. 떼쓰는 아이의 기에 눌리지 마라. 걷는 게 힘들다고 자가용으로 등교시키지 말고, 밥도 아이가 혼자 챙겨 먹게 하자.

아이의 나이에 맞는 '안 돼' 목록 만들기

먼저 "안 돼"라고 말할 것들을 알려준다. "거리에서는 물건을 사주지 않는다", "용돈 이외의 돈은 더 주지 않는다", "과제는 스스로 한다", "아무리 힘들어도 자가용을 타고 등교하지 않는다" 처럼 아이의 나이에 따라 엄마가 거절할 목록을 정해 아이에게 알려주고 일관되게 흔들림 없이 실천해보자. 만약 마음이 약해져서 "안 돼"가 "돼"로 변하면 아이는 빈틈을 여지없이 알아채고 보챈다.

스스로 판단하는
아이는 마음이 강하다

아이에게 교실 청소를 시켜놓고 교무실에 있다가
깜빡 잊고 두 시간 후에나 갔더니 아이가 그때까지 교실에 있었다.
너무 깜짝 놀랐다.
그냥 가거나 선생님을 찾아보자는 생각을 왜 하지 않았을까?

저학년의 경우에는 선생님이 화가 난 듯해도 어느새 다가와 생긋생긋 웃는다. 어떤 아이들은 선생님의 무표정한 얼굴을 재미있다는 듯 뚫어져라 쳐다보는데, 그런 모습을 보면 화가 난 마음이 눈 녹듯이 사라진다. 교실에서 뛴다고 화를 내면 무서워 벌벌 떨지만 그때뿐이고, 시간이 조금만 지나면 언제 그랬느냐는 듯 다시 교실에서 뛰어다닌다. 화를 낸 게 무안해질 정도다.

하지만 중학년은 다르다. 중학년이 되면 선생님의 표정이나 말의 강도를 파악해 위기 상황을 감지하는 능력이 형성된다. 어떤 일로 화를 내면 아이들은 일정 시간 동안 선생님의 말에 집중해 그 행동을 하지 않으려고 노력할 뿐만 아니라 선생님 곁에 접근하려고 하지 않는다. 그러나 늘 예외는 있는 법인지 눈치가 없는 아이들이 있다. 종이를 휴지함에 버리지 않아 일장 훈시를 했는데도 보란 듯이 또 종이를 쓰레기통에 버리다 발각된다. 수업 시작 종이 울리면 자리에 앉아 다음 시간을 준비하라고 강조했는데도 종이 울리거나 말거나 교실 바닥에 앉아 공기놀이를 한다. 숙제를 해야 한다고 아무리 강조해도 숙제를 안 해오는 아이들이 있다.

'눈치'라는 말은 '선택'이라는 말과 일맥상통하는 바가 있다. 눈치가 없는 아이들은 교실에서 선택을 잘못 해서 스스로를 어려움에 빠뜨리는 경우가 많다. 어떤 때가 중요한 때인지를 구별하는 능력이 떨어지기 때문이다. 이러한 아이들의 공통점은 가정에서 부모의 과잉보호를 받는다는 것이다. 즉, 가정에서 스스로 판단하는 기회가 적게 주어진다. 선택의 기회가 적기 때문에 어떤 때가 좋은 상황인지 위기 상황인지 파악하는 데 서툴고 대처 능력도 떨어진다.

반면 눈치가 빠른 아이들은 상황의 변화에 능동적으로 대처한다. 자신이 어떻게 행동해야 할지 선택하는 속도가 빠르기 때문에 실수가 적을 뿐만 아니라 선생님과 친구들에게 인정을 받는다. 가정에서도 스스로 선택할 수 있는 시간을 충분히 갖고 자신의 판단에 따라 일을 처리할 기회가 많은데, 그 능력이 학교에서도 십분 발휘된다. 선생님도 사람이라 필요할 때 시원하게 가려운 곳을 긁어 주는 이런 아이들에게 눈길이 가는 것은 당연하다.

스스로 문제 해결 기준을 따지게 하기

어떤 질문이나 상황에 대해 다양한 해결책을 생각하도록 아이를 훈련시키자. 상황을 생각해서 선택의 기준을 쓰게 하고, 순위를 따져 선택하게 하자. 기준을 정하고 중요한 순서대로 나열한 후 가장 중요한 기준부터 차례로 따져가면서 선택한다.

문제 상황		친구 생일 선물을 사려 한다.
기준 항목 정하기	가진 돈	5000원
	친구의 취향	독서와 종이접기를 좋아한다.
	사주고 싶은 물건	공깃돌이나 작은 액자
	경험	작년에 책을, 한 달 전에 종이접기 색종이를 사준 적이 있다.
기준에 순위 매기기		경험 → 가진 돈 → 사주고 싶은 물건 → 친구의 취향
선택해서 결정하기		책과 종이접기 색종이는 사준 적이 있기 때문에 → 5000원 이하의 → 액자를 사서 색종이를 접어 넣어주면 → 친구의 취향에 어울릴 것이다.

※ 기존의 순위를 '친구의 취향 → 가진 돈 → 사주고 싶은 물건 → 경험'으로 정했을 경우:
친구가 독서와 색종이를 접기를 좋아하니 → 5000원 이하의 → 작은 액자를 사서 → 색종이로 종이접기를 해 넣어준다.

아이가 선택할 수 있는 질문 던지기

"네가 동생이라면 어떻게 하겠니?", "백제가 삼국통일을 했다면 어떻게 되었을까?", "오늘 저녁에 국수를 안 먹었다면 뭘 먹었겠니?", "지금 버스를 안 탔다면 우린 어떻게 되었을까?" 처럼 '~라면'이란 가정법으로 물어보면 아이는 스스로 생각하고 대답을 할 것이다. "이것과 저것 중에 어느 것이 마음에 드니?", "버스를 타고 갈까, 기차를 타고 갈까?", "몇 시에 출발하면 좋겠니?" 등등 계속해서 선택할 수 있는 질문을 던져보자.

아이와 함께 미래 예상해보기

아이와 함께 대화하며 미래의 일을 예상하고, 나중에 그 결과를 확인한 후 적중률에 따라 적절하게 보상해주자. 물론 예상을 할 때는 그 이유를 말하도록 하고, 틀렸을 경우에는 원인을 찾아보게 한다. 단, 결과를 쉽게 알 수 있는 예상은 하지 말고 어떤 주제에 따른 예상을 하게 해보자. 신문을 보고 어떤 사회적 이슈를 원인으로 해서 일어날 수 있는 일 다섯 가지 예상해보기, 3분의 1 정도 책을 읽은 후 결말을 예상해보기, 가족 누군가의 행동으로 어떤 일이 일어날 것인지 예상해보기 등이 있다. 다음의 표를 참고해보자.

예상한 날	○월 ○일	결과를 확인한 날	○월 ○일
번호	예상		결과
1	비가 올 것이다.		
2	냉장고의 토마토는 곰팡이가 필 것이다.		
3	아빠가 집에 오실 때 먹을 것을 사올 것이다.		
4	우편함에 우편물이 7통 이상 도착할 것이다.		
5	드라마의 주인공이 다칠 것이다.		

자립심

자기 생각을 크게 말하는 아이는 자신감이 있다

표현 능력이 부족한 아이는 학교생활에서 대인 관계 능력도 부족하다. 말이 통하지 않으니 상대방은 답답하다.
점차 친구들 사이에서 소외되기 시작한다. 따돌림의 시작이다.

　엄마가 모든 것을 알아서 척척 해줄 경우, 아이는 말할 필요성을 느끼지 못한다. 따라서 표현 능력이 미숙해지고, 심지어 유아기적 발음을 초등학교까지 가지고 가는 경우도 있다. "어땠어요?"를 "어때더요?", "있잖아요"를 "이따나요"로 발음하는 것이다. 또 질문을 하면 우물쭈물하고 얼굴이 빨개져 당황한다. 심지어 용기가 없어 선생님을 부르지 못하고 슬며시 다가가 어깨를 툭툭 치는 아이들도 있다. 그것이 아이가 할 수 있는 최상의 표현이기 때문이다.

　자립적으로 큰 아이들은 엄마의 손길이 개입되는 일이 적다. 많은 일을 자기가 해야 하기 때문에 할 수 없이 말을 사용하면서 표현력이 크게 발달한다. 경제적으로 어려운 환경에서 자란 아이들은 언어 표현력이 좋은 경우가 많다. 부모의 도움 없이 혼자 헤쳐나가기 위해서는 말이 필요하기 때문이다. 이러한 자립심은 자신감을 불러오고, 자신감은 표현력을 향상시킨다. 그래서 자신감이 있는 아이들은 언어 표현력이 좋다. 교실에서도 목소리가 크고 우렁차다. 발표할 때도 큰 목소리로 시원하게 발표를 한다. 듣는 사람들도 모두 시원함을 느낀다.

　반대로, 주로 명령이나 지시를 받고 자란 아이들은 표현력이 떨어질 뿐만 아니라 자립심이 매우 낮다. 늘 엄마로부터 "공부해야지", "자, 일어나야지", "너, 이거 해", "빨리 손 씻어", "지금은 잘 시간이야"와 같이 하루에도 수십 번의 지시와 명령이 떨어진다. 아이는 로봇처럼 따르기만 하면 된다. 아이는 점점 말할 필요성을 느끼지 못하고 자기 의사를 적절하게 표현할 기회를 갖지 못한다. 이러한 상황이 중학년 단계까지 이어질 경우, 친구 관계의 중요한 수단인 말 표현이 서툴고 행동할 때도 자신감이 없어 친구들 사이에서 점점 소외되게 마련이다. 자칫 따돌림의 대상이 될 수 있는 위험한 상황에 빠진다. 하고 싶은 말을 제대로 표현하지 못하니 친구들에게 인정받지 못할 뿐만 아니라 오해를 사기도 한다. 말을 하지 않고 울기만 하는 아이들이 주로 그렇다.

질문하는 엄마, 아이의 표현력을 기른다

앞에서도 말했듯이 아이 스스로 말할 기회를 주기 위해서는 아이가 스스로 표현할 수 있도록 해야 한다. "지금 가서 자라"라는 말 대신에, "지금 몇 시지? 그래, 11시. 그러면 지금 무엇을 해야 할까?"라며 아이가 말을 하도록 유도한다. 꾸준하게 이유나 까닭을 들어 말하도록 하면 아이는 자신의 생각을 표현하는 방법을 배워 상황에 맞게 선택적으로 말을 하게 될 것이다. 이때 아이를 윽박지르거나 화를 내면 안 된다.

아이와 함께 강조 어법을 연습하기

아이가 어깨를 툭툭 치거나, 손가락으로 가리키거나, 보채거나, 말 대신 고개를 끄덕여 대답하면 모른 척하자. 그리고 아이에게 말로 표현하라고 하고, 그렇게 할 때까지 요구를 들어주지 않는다. 말로 하는 것만 들어줘서 반드시 말을 하도록 한다. 또 말에 힘을 주게 한다. "저는 앞으로 열심히 공부하겠습니다"처럼 끝말에 힘을 주어 말하도록 한다.

가족회의로 토론 문화 만들기

안건을 정하고 가족회의를 하면서 아이에게 자신의 생각을 말할 기회를 줘라. 가족회의에서 자기 의사를 정확하게 표현하고, 다른 가족 구성원의 의견과 이유를 들으며 의사 표현 연습을 할 수 있다. 처음 가족회의를 할 때는 선뜻 입을 열지 않을 것이다. 가족회의 주제를 회의 전날 미리 알려주고 아이 스스로 할 말을 종이에 정리해오게 한 후, 순서를 정해 차례로 말하도록 하면 안정된 마음으로 자기 의견을 쉽게 말할 수 있을 것이다.

현명하게 거절하는 방법을 가르치자

한순간 무안해지더라도 자신이 할 수 없는 일 같으면
"아니오"라고 말할 수 있는 용기가 필요하다.
망설이다가 "예"라고 대답하면
나중에 감당해야 할 어려움이 너무 커져 힘들 수도 있다.

교실에서 '성격 좋다'고 평가받는 아이와 '개성 있다'고 평가받는 아이가 있다. 전자의 아이들은 거절을 하지 못하는 아이들이고, 후자의 아이들은 거절할 줄 아는 아이들이라고 말할 수 있다. 조금만 관찰해보면 쉽게 구분할 수 있다. 미술 시간에 자신도 부족한 색종이를 친구들의 부탁에 거절하지 못하고 빌려주고 마는 아이들이 있다. 결과는 뻔하다. 색종이가 부족해 자신의 작품을 제대로 만들지 못한다. 반면 어떤 아이들은 이러한 요구에 분명하게 "나도 부족해"라고 대답한다. 당장에는 서먹한 기운이 돌지만 요구를 거절한 아이는 자신의 작품을 멋지게 완성한다. 그렇다면 이런 태도 때문에 친구와의 사이가 멀어질까? 그렇지 않다. 쉬는 시간이 되면 거절한 아이와 거절당한 아이는 서로 장난을 친다.

유치원생 아이들은 "안 돼", "싫어"라는 거절의 표현을 감정 그대로 전한다. 하지만 초등학생이 되면 이런 말을 하는 데 어려움을 느낀다. 자신의 입장뿐만 아니라 상대방의 입장, 거절한 뒤의 서먹함 등을 생각하기 때문이다. 그래서인지 중학년 이상 되면 선생님의 부탁을 거절하지 못하는 아이들이 많다.

어느 날 방과 후 두 명의 학생에게 부탁을 했다. "잠깐 남아서 나 좀 도와줄래?" 그러자 한 학생은 "저 컴퓨터 배우러 가야 하는데요"라며 분명한 거절의 표시를 했다. 그렇게 한 학생이 떠나고 남은 학생과 30분간 일을 했다. 그런데 아이의 얼굴이 점점 굳어 갔다. 나는 "바쁘니?"라고 물었다. 그러자 아이는 "선생님, 저 친척집에 가야 돼요"라고 울상을 짓는 게 아닌가. 아뿔싸, 깜짝 놀란 나는 시간을 물었고, 당장 출발해도 약속 시간에서 30분 늦을 수밖에 없는 때였다. 미안하다는 말을 여러 번 하며 아이를 집으로 보냈지만 복도를 뛰어가는 아이의 뒷모습을 보며 '그럼 진작 안 된다고 말을 하지'라는 원망이 마음속에서 일었다. 아이가 나를 원망해야 하는데도 내가 아이를 원망하고 있으니 아마도 아이의 엄마가 나를 원망할 모습이 떠올라서였을 것이다. 다음 날 내 부탁을 거절하고 컴퓨터를 배우러 간다던 아이를 보았을 때는 믿음

직스러움마저 느껴졌다.

거절하지 못하면 자기가 힘들어진다. 무리한 요구는 거절할 줄 알아야 자신의 삶이 남에 의해 흔들리거나 꺾이지 않게 된다.

친구의 부탁, 3단계로 판단하기

누군가의 부탁을 판단하는 기준은 바로 '너'가 아닌 '나'임을 가르쳐주자. 그 일을 할 수 있는지 스스로 판단해보고, 부탁을 들어줬을 때의 결과가 자신에게 어떤 영향을 미칠지 판단하게 한다. 부탁을 받으면 '기준은 나 → 들어줄 가능성 → 나에게 미치는 영향'이라는 3단계로 생각하도록 가르친다. 특히 나에게 미치는 영향을 생각할 때 친구 관계는 어떻게 될 것인지도 생각해 우정이 중요하다고 판단되고 조금 힘들지만 들어줄 수 있는 부탁이라면 승낙하게 하자. 그래야 아이가 이기적인 사람으로 성장하지 않는다. 하루 중 아이가 받은 부탁을 예로 들어 3단계로 상황을 판단했는지 물어보고 이같이 생각하는 습관을 갖도록 지도한다.

상처 주지 않는 단계별 거절법

"아니오"라고 말해야 한다면 상대방의 부탁을 진지하게 들으며 공감하고 그 사람을 위로하라고 가르쳐주자. 먼저 위로해준 다음 자신의 입장을 말하고 거절하면 상대방은 상처를 덜 받는다.

즉, '위로 → 자신의 입장 말하기 → 거절'의 순서로 거절하는 것이다. 심부름을 거절할 경우 아이에게 "그러면 나를 위로해줄래?"라고 말한다. 그러면 아이는 "엄마가 바빠서서 어떡해요?"라고 말할 수 있다. 그다음 "그러면 너의 입장을 말해주렴" 하고 아이에게 요구해보자. 그러면 아이는 "내일 시험을 봐서 바빠요"라고 말할 수 있다. 엄마가 다시 "고마워. 그럼 거절해보렴" 하고 말하면 아이는 "엄마, 이번에는 심부름을 하지 못할 것 같아요. 죄송해요"라고 거절할 수 있다. 이렇게 단계적으로 가르쳐 익숙해지면 아이는 거절하는 법을 배우게 된다.

거절을 할 줄 모르는 아이, 부탁을 가르치자

거절하지 못하는 아이는 대개 마음이 약하다. 따라서 거절을 가르치려면 먼저 마음을 단단히 먹고 상황의 어색함을 극복하는 훈련을 시켜야 한다. 가장 좋은 방법은 아이가 부탁하도록 하는 것이다. 친구에게 책을 빌려오게 하거나, 가게에서 잔돈을 바꿔오게 하거나, 자리를 양보해달라고 부탁하게 하는 방법 등이 있다.

삶의 나침반이 될
좌우명을 만들어주자

"말이 씨가 된다." 아이들을 가르칠 때 나의 좌우명이다.
아이에게 어떻게 되라고 계속해서 말해주면
정말 아이는 그렇게 변한다. 마술 같은 일이다.

성이 나씨라서 별명이 '난장판'인 아이가 있었다. 별명처럼 아이의 자리, 가방 등은 늘 잡동사니로 난장판이 되어 있었다. 아이의 자리 밑은 종이, 연필, 딱지 등이 널브러져 있어 늘 지저분한 상태였다. 점심 때 급식을 먹으면 책상 위에 밥풀과 반찬 등이 떨어져 있었다. 물론 급식을 다 먹으면 이런 것에는 관심이 없다는 듯 다른 곳으로 싹 사라졌다. 눈살을 찌푸리며 아이를 찾지만 어떻게나 잘 숨는지 찾을 길이 없다. 수업 시간에 아이를 나무라도 그때

뿐이다. 아이의 가방에서 유통기한이 2주일이나 지난 상한 우유가 나왔을 때는 기절할 뻔했다.

그래서 한 가지 작전을 썼다. 바로 좌우명을 아이의 마음에 새겨주는 일이었다. "나는 하루에 하나씩 정리하고 치우는 깔끔이다"라는 글을 종이에 써서 아이에게 주고 그 종이를 책상에 붙이게 했다. 그때부터 아이의 자리가 어지럽혀져 있을 때 "책상의 글을 읽어보렴" 하고 좌우명을 읽게 했다. 쑥스러워하면서도 좌우명 읽기를 버릇처럼 하다 보니 아이는 점점 변해갔다. 아이는 그 글을 읽고 나서 주위를 살펴보고 빗자루를 가져와 쓸기 시작했다. 그렇게 며칠이 지나자 가방도 스스로 정리했고, 책상 안과 사물함도 스스로 정리했다.

한 달이 지나자 아이는 놀랄 만큼 변했다. 주변이 깨끗해졌을 뿐만 아니라 스스로 청소한다고 남아서 유리창도 닦고 대걸레로 바닥도 닦는 등 정말 천지개벽할 일이 벌어진 것이다. 나중에 아이에게 물었다. "너, 참 깨끗해졌다. 이제 애들이 '난장판'이라고 부르지 않아서 좋겠구나. 어떻게 그렇게 변했니?" 그러자 아이는 대답했다. "선생님, '깔끔이'라는 말을 자꾸만 봤더니 정말 그렇게 되고 싶었어요. 그래서 조금씩 치우게 됐어요. 선생님께서 이 글을 읽으라고 말씀하실 때뿐만 아니라 공부 시간에도 자꾸만 읽다 보니까 저도 깨끗해져야겠다는 마음이 생겼어요." 지금 어른이 된 이 아이는 이때의 경험을 토대로 훌륭한 사회인이 되어 있을 것이다.

아이의 좌우명을 찾아 계속 읽히자

좌우명은 격언, 고사성어 등에서 쉽게 찾을 수 있다. 유명한 사람들의 전기문이나 성공에 관련된 책들에도 많다. 인터넷 검색창에 '좌우명'이란 단어를 치면 수많은 좌우명 문구가 나타난다. 아이에게 좌우명을 많이 읽히면 좌우명을 마음에 새길 동기가 생겨난다. 아이가 책임이나 공부를 소홀히 한다면 "오늘 걷지 않으면 내일은 뛰어야 한다", "지금 잠을 자면 꿈을 꾸지만, 지금 공부하면 꿈을 이룬다" 같은 좌우명을 찾아 읽게 하자.

가족 모두가 좌우명 실천하기

가족 구성원 각각의 좌우명을 정해서 이름과 좌우명을 종이에 적은 후 식탁 유리 안이나 책상 앞, 현관문 등 눈에 잘 띄는 곳에 걸어놓고 보게 한다. 그리고 가족 모두가 좌우명에 맞게 행동한 후 식사 시간 등에 좌우명을 얼마나 실천했는지 이야기를 한다. 아이가 좌우명을 바르게 실천한 모습을 보거나 이야기를 들으면 적극 칭찬하고, 다른 가족도 좌우명을 실천하도록 노력한다.

쉬운 좌우명이 성취감을 높인다

생활 속에서 쉽게 달성할 수 있는 목표를 정하고, 이를 실천할 수 있는 좌우명을 정하게 하자. 줄넘기 100개를 한 번에 넘는 목표를 정했다면 "한 개씩 최선을 다해 넘다 보면 줄넘기 100개는 금방 넘는다", "줄넘기를 할 때 걸릴 것을 생각하지 말고 넘는 것만 생각하자", "줄넘기 100개는 우습다. 정말 쉽다"처럼 간단한 좌우명을 적어 책상 앞에 붙여놓고 하루에 세 번씩 읽도록 한다.

작은 역경은
강한 아이를 만든다

동화 작가 안데르센은 가난해서 〈성냥팔이 소녀〉를 쓸 수 있었고,
못생겼기 때문에 〈미운 오리 새끼〉를 쓸 수 있었다.
아이가 역경을 극복했을 때
그 웃음보다 아름다운 것은 없을 것이다.

아이들을 가르칠 때 꼭 실천하는 것이 있다. 저학년 아이가 운동장에서 달리다 넘어졌을 때 다치지 않고 몸에 문제가 없다고 판단되면 나는 무관심한 태도를 취한다. 몇몇 아이는 금방 일어나 다시 뛰지만 어떤 아이는 엎어져서 계속 운다. 이때 친구들이 다가가 아이를 일으켜주려 하는데, 나는 단호히 접근하지 못하게 한다. 자기 앞에 다가온 역경을 극복하는 연습이기 때문이다. 만약 이렇게 하지 않으면 체육 시간은 늘 울음과 배려로 인해 맥이 끊기고 엎어져 우는 아이들의 숫자는 계속 늘어날 것이다. 하지만 이런 태도를 한 달만 유지하면 어느 순간 아이들은 넘어지더라도 벌떡 일어나 달린다. 심지어 무릎에 찰과상을 입어 피가 나도 벌떡 일어난다. 한 달 전만 해도 눈물을 찔찔 흘리던 아이가 말이다. 한 단계 성숙한 것이다.

중학년의 경우 도움을 요청하는 아이가 있으면 종종 나는 그 눈길을 뿌리친다. 몇몇 아이는 자기 일을 스스로 처리하지만 어떤 아이는 저학년의 모습에서 벗어나지 못한 채 친구와 다툰 일, 스스로 하지 못한 일, 준비물 챙기는 일 등에서 늘 도움을 요청하며 "선생님, 선생님"을 외친다. 만약 이런 요청을 자상하게 들어준다면 시도 때도 없이 들려오는 "선생님"이란 도움의 요청으로 할 일을 제대로 하지 못할 것이다. 그래서 "선생님"을 불러도 상황을 파악해 도움을 줄 필요가 없을 때는 못 들은 척 무관심한 태도를 보인다. 처음에는 집요하게 부르던 아이들도 이런 상황이 되풀이되다 보면 점점 횟수가 적어진다. 그리고 마침내 선생님의 도움 없이 자기 스스로 일을 해결한다.

고학년의 경우에는 어려운 상황을 만들어 이겨내게 만든다. 눈을 감고 20분간 명상을 하거나, 더운 여름에 에어컨을 켜지 않고 하루 종일 가마솥 같은 교실에서 공부를 하도록 한다. 또 일주일간 급식을 다 먹도록 하거나, 추운 운동장에 나가 외투를 벗고 운동장을 돌게 한다. 조금은 힘들지만 어려움을 극복하는 연습을 하다 보면 아이들은 한 단계 성숙한다.

엄마의 격려가 아이의 의지를 부른다

의학 심리학 교수인 피터 위벨은 사람에게는 역경을 극복할 수 있는 회복력이 있다고 했다. 즉, 역경이 찾아오면 이겨내려는 본능이 발휘된다는 것이다. 아이에게 어려움이 닥치면 "너는 이길 수 있어", "네 마음엔 역경을 극복할 수 있는 힘이 있어"라고 아이를 격려해주자. 그러면 내면에 있는 역경에 대한 회복력, 즉 역경을 극복하려는 의지가 솟아오르게 마련이다.

곤경에 빠진 아이에게 의지의 버팀목 선물하기

아이에게 어려움이 닥쳤다면 극복할 수 있는 버팀목을 세워줘라. 다리가 부러져 목발을 짚어야 한다면 아이가 좋아하는 인라인스케이트를 사주고, 독감에 걸려 누워 있게 되었다면 좋아하는 요리를 해줘라. 다이어트에 성공하면 입고 싶은 옷 다섯 벌을 사주겠다거나, 떨어진 성적이 오르면 소원 한 가지를 들어준다는 버팀목을 마련해주는 것도 좋다.

극복할 만한 역경으로 면역력 키우기

일부러 역경을 만들어서 극복하는 훈련을 시키자. 역경의 면역력을 키우는 것이다. 주위를 둘러보면 아이가 혼자 극복할 수 있는 역경의 소재가 수없이 많다. 산 정상에 오르기, 텔레비전 일주일간 보지 않기, 간식 안 먹고 일주일간 버티기, 3000원으로 한 달 살아보기, 추운 겨울에 약수터 갔다 오기, 하루에 책 한 권 읽기, 줄넘기 1000개 하기, 한 시간 동안 말하지 않기, 영어 단어 100개 외우기, 한 시간 걷기, 단거리 마라톤 참가하기 등이 있다.

4장
엄마의 습관 코칭 '넷'

사회성

배려할 줄 아는 아이는 주변이 따듯하다

사라진 친구의 신발주머니를 찾으러 다니고,
결석한 친구의 책상 안에 가정통신문을 넣어주던
배려쟁이 1학년 꼬마는 6학년이 되자 전교 회장이 되었다.

 옛날과 달리 선생님들은 학교에서 가르치는 일 말고도 해야 할 일이 참 많다. 어떤 날은 점심도 먹지 못하고 일을 할 때가 있다. 그날도 역시 점심 먹을 생각은 엄두도 못 내고 컴퓨터 모니터를 들여다보고 있었다. 이때 한 아이가 다가와 "선생님, 식사 안 하세요?"라고 물었다. 아이를 쳐다보니 식사도 못 하고 일하는 내 모습이 걱정스럽다는 눈빛이다. 참 따스했다. 평소에도 친구를 배려하며 학급 분위기를 따스하게 해주는 아이였다. "응, 바빠서.

식판 좀 치워줄래?"라고 말하자 아이는 "선생님, 그래도 조금만 드세요. 시장하시잖아요. 이 빵이라도 조금 드세요"라며 재차 밥 먹기를 권한다. 아이의 따스함에 넘어가지 않으려고 "바쁘다. 너 먹으렴" 하고 대화 중단을 선언하고 몇 분간 일을 하다 다시 옆을 보니 식판이 그대로 있었다. 뭔지 모르게 고마운 마음이 들었다. '선생님, 그래도 혹 시간이 남으시면 식사하세요'라는 무언의 배려를 느꼈기 때문이다. 그때 한 아이가 다가와 "선생님, 저 이 빵 먹어도 돼요?"라고 물었다. 그러자 따스함은 사라지고 그 아이의 얼굴을 보는 것이 왠지 싫어 모니터만 바라보며 "그래, 네가 먹고 식판 치워라" 하고 말했다. 그렇게 점심시간이 지났다. 5교시 수업이 시작되었고, 식사를 하지 않는다고 걱정하던 아이가 자리에 앉아 나를 쳐다보고 있었다. '4학년인데도 속이 저렇게 깊구나' 하는 생각에 점심은 먹지 못했지만 행복함을 느꼈다.

　철부지라고 생각하는 초등학생 중에도 어른보다 속 깊게 배려하는 아이가 있다. 친구가 아플 때 같이 보건실에 가서 친구를 걱정해주는 아이, 미술 시간에 자기 작품을 만들다 말고 친구를 도와주는 아이, 친구의 공부를 세심하게 돌봐주는 아이, 급식을 가져갈 때 뒤의 친구를 생각해서 정량만 가져가는 아이, 찬바람이 들어올까 봐 교실 문을 닫고 들어오는 아이. 이러한 아이들은 교실을 따스하게 해주며 자기 삶에 따뜻한 온기를 넣어 다른 아이들보다 행복한 마음으로 살아간다.

　일찍 남편을 여의고 온갖 일을 해서 자식 일곱 명을 훌륭하게 키워낸 한 할머니에게 비결을 물었다. 할머니는 임종을 앞둔 남편이 "여보, 내 걱정은 하지 말고 애들하고 가서 밥 먹고 와"라고 말한 후 눈을 감았는데 죽음에 이르러서도 가족을 걱정하는 남편의 따스한 배려 때문에 자식들을 잘 키울 수 있었다고 대답했다.

배려의 문구로 배려심 교육하기

말과 문자는 힘이 다르다. 말은 입 밖으로 나온 순간 사라지지만, 글자는 쓴 뒤에도 종이에 그대로 남는다. 욕실 수건걸이 밑에 "수건은 사랑하는 가족이 쓰는 거예요. 한쪽부터 닦고 펼쳐서 걸어놓으세요", 책상머리에 "책상이 깨끗하면 우리 가족의 얼굴이 밝아져요", 식탁 유리판 밑에 "먹은 그릇은 비행기를 태워 싱크대 공항으로 보내주세요", 현관문 앞에 "인사 한 번 하고 나가면 어떨까요?", 옷걸이 옆에 "옷은 옷걸이가 책임질게요", 쓰레기통 옆에는 "나는야 슈팅왕! 슛, 골인!" 등과 같이 귀여운 문구를 적어놓아 보자. 가족에 대한 아이의 배려심이 더욱 커질 것이다.

생활 속에서 작은 배려 체험시키기

연구 결과에 의하면, 영상물과 말 등으로 교육받은 아이들보다 실제 체험을 통한 역할 놀이 교육을 받은 아이들이 유괴나 교통사고 같은 위기 상황에 잘 대처한다고 한다. 배려도 체험해야 한다.

주는 배려와 받는 배려의 따스함을 가슴으로 느끼고 머리로 판단해 몸으로 실천하도록 하자. 버스에서 자리 양보하기, 준비물 하나 더 가져가 필요한 친구에게 나눠주기, 신발 벗어 정돈하기, 은행에서 바빠 보이는 사람에게 번호표 양보하기 등 배려의 실천 방법은 생활 속에서 많이 찾을 수 있다.

이타심을 키우는 배려 저금통

하루에 두세 가지 정도 다른 사람을 위해 배려하고, 저녁에 그 내용을 종이에 쓴 뒤 그 종이를 저금통에 모으게 하자. 저금통이 다 차면 축하 파티를 열고 저금통에서 배려 종이를 꺼내 읽어주면 아이가 무척 좋아할 것이다. 이 과정에서 아이는 자기보다 남을 생각하는 이타심을 배우게 되는데, 이 이타심에 기쁨까지 더해진다. 특히 혼자 크는 외동아이들에게 효과가 큰 방법이다.

존중할 줄 아는 아이가 존중받는 사람이 된다

교도소에서 근무하는 사람들의 이야기를 들어보면
"극악한 범죄를 저지른 사람도 존중하는 마음으로 대하면
어느 순간 눈 녹듯 자신의 죄를 뉘우친다"고 한다.
인간관계의 기본을 엿볼 수 있는 말이다.

사회성

교실에서 아이들을 가르칠 때 늘 염두에 두는 것이 있는데 바로 아이를 무시하지 않는 것이다. 말이나 행동으로 아이들을 무시하진 않는지 늘 나 자신을 돌아본다. 이러한 나의 태도를 아이들도 은연중에 배운다. 아이들은 싸우기는 해도 서로 무시하지는 않는데, 이러한 반 분위기에서는 따돌림, 왕따 같은 사회성 문제가 현저하게 줄어든다는 것을 교사 생활을 통해 터득했다. 반 분위기는 매우 중요하다. 따스한 봄에 꽃이 피듯, 반 분위기가 따스한 교

실에선 문제가 적게 일어나며 그 강도도 약해 늘 웃음꽃이 핀다.

반 아이들과 처음 대면하고 일주일간은 아이들 중 말썽을 잘 부리거나, 학습 능력이 뒤떨어지거나, 말수가 적은 아이들을 파악한 뒤 그 아이들을 앞으로 나오게 해 적극 칭찬해준다. 마주칠 때도 밝게 웃어주고 일기장에도 따스한 격려의 말을 써준다. 아이가 존중받고 있음을 느끼게 하는 가장 좋은 방법은 차별하지 않는 것이다. 어떤 아이들은 자신의 행동으로 인해 친구들에게 원망이나 무시를 많이 받았고, 선생님의 주의를 많이 듣거나 선생님의 관심을 많이 받지 못한 경우가 많다. 이런 아이들은 선생님께 인정받고 싶어하지만 습관화된 행동들로 인해 매번 선생님에게 혼나고 친구들의 저항을 불러일으키거나 무관심 속에 놓인다.

이러한 일이 계속 반복되면 선생님도 사람이라 똑같은 잘못을 저지르더라도 평소에 그렇게 행동하지 않는 아이들에게는 "다음부터는 그러지 마"라는 한 마디로 끝내지만, 그 반대인 아이들에게는 "또 너야? 왜 그러니, 대체" 하고 일장 훈시를 하게 된다. 친구들 사이에서 창피를 당하고 지겨운 잔소리를 듣게 된다. 결국 차별이 발생하고 아이들도 그것을 느낀다. '선생님은 나만 미워하나 봐'라는 불만의 씨가 자라 종국에는 선생님에게 반항하게 되는데, 최악의 경우 저학년일 때는 선생님께 소리를 지르고, 고학년의 경우에는 문을 박차고 밖으로 나가버린다.

잘못을 저질렀을 때 한 번 더 용서해주고 기다려주는 자세로 관심 있는 말 한 마디를 건네거나 웃어주면, 아이들은 교실에서 가장 큰 힘(?)을 가진 선생님에게 존중받는 느낌을 받는다. 그래서 말과 행동이 부드러워지고 친구들과도 편안한 마음으로 어울린다. 물론 선생님도 아이들에게 존중을 받는다.

애완동물에게 배우는 생명의 소중함

작은 물고기도 좋고 고양이도 좋다. 봉숭아도 좋고 강낭콩도 괜찮다. 아이들에게 생명체를 기르게 하자. 동물과 식물을 기르려면 정성을 쏟아야 한다. 당연히 정성을 쏟는 생명체에게 마음이 가고, 이 생명체들의 안위를 걱정하는 마음이 생긴다. 강아지가 밥을 굶는다고 여행을 가지 않겠다는 아이들도 보았다. 아이들은 생명을 돌보는 과정에서 살아 있는 것의 소중함을 느끼고 자신이 그 생명에게 필요한 존재라는 사실을 느끼게 된다.

존댓말로 하는 존중 교육

존댓말은 사람의 마음을 녹여준다. 화를 삭혀주고 싸움을 막아준다. "야, 네가 잘못했잖아"라는 말은 싸움을 커지게 한다. 대신에 "당신이 잘못한 점이 있어요"라고 말하면 싸움의 불씨는 쉽게 커지지 않는다. 나는 교실에서 서로 다툰 아이들에게 일정한 기간 동안 존댓말을 쓰도록 한다. 존댓말에 응대하는 아이도 존댓말을 써야 한다. 이렇게 존댓말을 쓰면 아이의 행동에 변화가 일어난다. 물론 존댓말의 어색함을 벗어나기 위해 바르게 행동하지만 은연중에 친구에게 존중받는 느낌을 받아 아이가 변화하는 것이다. 아이가 부모에게, 부모가 자식에게, 오빠가 동생에게 존댓말을 하면 상대방을 존중하는 마음이 생긴다. 번거롭다면 시간을 정해서 가족 간에 존댓말을 해보자.

존중의 기본, 인사하기

인사는 상대방을 존중한다는 표현이다. 사람을 만나 인사를 하면 상대방도 인사를 하면서 서로간의 교감이 오간다. 쑥스럽고 번거롭다고 생각될지도 모르지만 시간이 지나면 상대방의 진심을 알게 되어 먼저 인사를 하며 다가간다. 아이에게 먼저 인사를 받게 하자. 인사가 존중받는 느낌을 준다는 것을 몸소 깨닫게 해야 한다. 엄마는 아이가 일어나면 "아들, 잘 잤어요? 오늘 좋은 일이 많이 일어나길 바랍니다" 하고 인사할 수 있다. 다음으로 가족끼리 인사하자. 집에 돌아와 "엄마, 잘 다녀왔어요" 하고 인사하고, 엄마도 아이를 안아주며 "잘 다녀왔구나" 하고 인사하면 서로에 대한 존중감이 높아진다. 거리에서 아는 사람을 만나도 인사를 하도록 하자.

신뢰는 작은 약속을 지키는 일에서 시작된다

"약속을 지키는 최선의 방법은 약속하지 않는 것이다."
나폴레옹의 말이다. 그만큼 약속을 지키는 게 어렵다는 뜻이다.
아이들에게도 약속을 잘 지키는 일이 참 어렵다.

사회성

 선생님의 권위는 아이들과의 약속을 얼마만큼 잘 지키느냐에 달려 있다. "내일은 꼭 체육하자"라고 했는데 다음 날 체육을 하지 않는다면 아이들은 실망한다. "너희들, 복도에서 뛰면 청소다"라고 했는데 복도에서 뛴 아이들에게 아무런 제재를 취하지 않는다면 아이들은 선생님의 말을 흘려듣게 된다. 이러한 일이 반복되면 선생님의 권위는 점점 실추되어 교육의 힘이 크게 줄어든다. 반면 지킬 수 있는 약속을 하고 그 약속을 지키는 선생님의 반 아이들은 선생님을 신뢰하므로 학습 및 생활 지도에서 매우 큰 교육의 힘이 발휘된다.

　아이들의 권위 역시 아이가 약속을 얼마나 잘 지키느냐에 달려 있다. "내일 보자기가 필요한데 가져올 사람?" 하고 물으면 여러 아이가 손을 든다. 하지만 다음 날 손 든 아이 중 상당수가 보자기를 가져오지 않는다. 또 "선생님, 내일까지 책 읽어올게요"라고 말한 아이는 많아도 다음 날 대부분의 아이가 책을 읽지 못한 것을 변명한다. 이런 과정에서 아이의 권위는 점점 실추된다. 그래서 "화분에 물을 주며 관리할 사람?", "내일까지 이 설문지 해올 사람?"과 같이 중요한 약속(부탁)을 할 때는 얼굴을 하나하나 바라보며 신중에 신중을 거듭해 아이를 선정하는데, 선생님과의 약속을 잘 지키는 신뢰감 있는 아이를 고르게 마련이다.

　아이들 사이에서도 약속은 서로를 신뢰하는 잣대로 작용한다. 약속을 잘 지키는 아이는 친구들에게 인정을 받고 사회성도 좋아 늘 다정다감하다는 이야기를 듣는다. 반면 약속을 잘 지키지 않는 아이들은 친구들과 티격태격하고 싸움이 잦아 주변이 시끄럽다. 그렇다면 어떤 아이가 약속을 잘 지키고, 어떤 아이가 약속을 잘 지키지 않을까? 이 물음의 답은 가정에서 엄마가 약속을 얼마만큼 중요하게 생각하는가에 달려 있다. 엄마가 아이와의 약속을 가볍게 생각한다면 아이 역시 엄마를 신뢰하지 않고 배운 대로 행동한다. 반대의 경우에는 엄마를 신뢰하고 밖에서도 약속을 지키려고 노력하고, 그 노력을 통해 자신의 삶을 절제하고 책임을 다해 교실에서도 인정받는 아이가 된다.

약속은 입으로 쉽게 할 수 있지만 실천은 입이 아닌 몸으로 해야 하는 것임을 아이들에게 반드시 인지시키자.

부모가 먼저 약속을 지켜야 한다

《탈무드》에 이런 말이 있다. "아이에게 무언가를 약속하면 반드시 지켜라. 지키지 않으면 당신은 아이에게 거짓말을 가르치는 것이다." 부모가 먼저 약속을 지키지 않는다면 아이는 약속을 어겨도 되는 것으로 생각한다. 부모가 약속을 먼저 지킴으로써 약속의 소중함을 가르쳐주자. 물론 아이와 약속할 때는 지킬 수 있는 것만 약속하고, 약속을 남발해서는 안 된다.

약속에도 단계가 있다

자동차도 시동을 걸고 가속기를 밟아야 움직인다. 수영을 할 때도 준비운동을 하고 물에 들어가야 안전하다. 통장에 저축한 돈도 비밀번호와 서명이 있어야 돈을 찾는다. 약속을 할 때도 마찬가지다. 단 한 번의 판단으로 약속을 하면 그만큼 지키기 어렵다. 약속하기 전에 "한번 생각해볼게", "내일 다시 만나서 얘기하자" 하고 생각하는 시간을 먼저 갖는 것도 좋은 방법임을 가르쳐주자. 그리고 시간을 두고 생각하면서 약속의 실천 가능성과 자신의 상황을 곰곰이 생각해 결정하게 하고 약속에 따른 조건은 무엇인지 돌아보게 하자. 엄마도 아이와 약속을 할 때 이처럼 단계를 두고 약속하면 좋다.

메모 습관으로 아이의 의지 다지기

아이들은 약속을 해도 쉽게 잊어버린다. 아이가 약속한 것이 무엇인지 물어보고, 달력이나 계획표, 수첩, 용돈 기입장 등에 기록한 뒤 제때 실천하게 해보자. 특히 연초에 아이만의 달력을 준비해 약속한 것을 달력 밑에 써놓게 하면 눈으로 쉽게 확인할 수 있을 것이다. 약속한 내용을 적어 벽이나 식탁 등 잘 보이는 장소에 놓아도 좋다.

원만한 가정에는
모난 아이가 없다

친구와 활발하게 노는 아이를 사회성이 좋다고 하는데,
이는 오산이다. 활발하게 노는 과정에서 싸움, 욕, 거짓말,
괴성, 무책임 등의 모습을 많이 보인다면
아이는 친구들 사이에서 결국 점점 밀려나게 된다.

사회성

교실은 규칙이라는 선을 사이에 두고 선생님과 아이들의 싸움이 끊임없이 되풀이되는 전쟁터다. "떠들지 마"라고 하지만 아이들은 떠든다. "싸우지 마"라고 해도 아이들은 싸운다. "종이는 쓰레기통이 아니라 휴지통에 버려"라고 해도 쓰레기통에서 종이가 빙긋 고개를 내밀고 있다. 선생님의 수많은 공격(?)에도 규칙의 전선은 한 치도 밀리지 않는다. 단지 일시적으로 밀릴 뿐, 시간이 지나면 또다시 원점으로 돌아간다. 가만히 살펴보면 이러한 규칙 전

선에 선발대로 앞장서서 전투를 벌이는 아이들이 있는데, 바로 마음을 감싸줄 가정 환경을 갖지 못한 아이들이다. 대표적으로 부모 간에 불화가 있는 아이, 맞벌이 가정의 나홀로 아이, 부모가 체벌이나 언어로 제재를 많이 하는 아이, 학원이나 공부를 강요받는 아이들이다.

이 아이들의 마음을 살펴보면 뭔가 '울'이 존재하는데, 아이들은 이 '울'을 교실에서 규칙의 선을 깨는 행동으로 삭인다. 그런데 문제는 이것이 습관화되어 더 큰 문제를 일으키는 실마리가 된다는 것이다. 이 아이들은 친구와 노는 모습이 매우 활발해 보인다. 그래서 사회성이 좋은 아이라고 생각하기 쉬운데, 내면을 살펴보면 선생님의 지시를 잘 어기는 데서 출발해 친구를 때리거나, 친구와 '맞짱 뜨자'고 하며 겁을 주거나, 욕을 심하게 하거나, 거짓말을 하고, 약속을 가볍게 여기며, 공동체에서 자신의 역할을 등한시하거나, 괜히 친구를 툭툭 건드리는 등 비사회적인 행동으로 내면의 '울'을 외면의 '모'로 변화시킨다.

'모'를 많이 가진 아이들은 '모난 돌이 정 맞듯' 선생님에게도 인정을 받지 못하며 고학년으로 올라갈수록 친구들 사이에서도 인정을 받지 못한다. 점점 사회성과 존재감이 떨어지는 것이다. 그 과정에서 아이는 자신의 존재감을 회복하고자 그 같은 행동에 더욱 강도를 가한다. 추울수록 옷을 껴입듯 고립되거나 외로워지지 않기 위해서 상대방을 때리고 약을 올리거나 괴롭힌다. 물론 다른 친구들이 자신을 두려워하게 만듦으로써 친구들 사이에서

주도권을 가지려는 마음도 크다. 이 과정에서 반사회성을 띠게 되고 사춘기에 접어들면 돌이킬 수 없는 문제아의 길로 들어선다.

반면 아이를 감싸주는 가정환경에서 자란 아이들은 친구가 많고 적음에 관계 없이 규칙의 선을 지키려고 노력한다. 또한 마음의 '울'이 적기 때문에 선생님과 친구들의 전투에서 평화의 중재자로서 '평화의 메시지'를 보내는데, 양측은 이 메시지에 공감하고 일시적으로 전투를 멈추게 된다. "그래, 너희들이 또 도와줬구나. 고맙다."

평등한 대화로 어울림 교육하기

모든 일을 강압적으로 지시하거나 아이의 의견을 쉽게 무시해버리는 가정은 아이의 사회성을 망친다. 아이는 강압적인 부모와는 의사소통을 하지 않으려고 마음의 문을 꽁꽁 닫아버린다. 사회성은 마음의 문을 열 때 비로소 만들어진다. 아이와 같이 평등하게 이야기하고 평등하게 책임을 지는 대화를 해보자. 가족회의를 할 때 "너는 어떻게 생각하니?", "맞아, 너의 의견이 옳아"라며 아이의 의견을 수용한다. 또 건의함(마음함)을 만들어 거실에 놓고 아이가 바라는 바를 써서 건의함에 넣도록 하자. 부모가 아이를 비난하지 않고 이해시키는 가정에서는 아이가 자연스럽게 어울림을 배운다.

안정된 집안 분위기 만들기

아이는 열매고, 부모는 뿌리다. 뿌리에 문제가 있다면 열매에도 문제가 생긴다. 아이와 함께 아이의 마음에 불안을 불러일으키는 것을 찾아보자. 맞벌이라면 방과 후 아이가 최대한 안정될 수 있도록 아이에게 전화를 해주거나 문자 등을 보낸다. 물론 부부간의 싸움, 잔소리, 공부에 대한 강요, 거친 말 등등 아이의 인격을 훼손하는 행동은 삼가야 한다.

공동 작업으로 성취감 맛보게 하기

함께 요리를 할 때는 준비에서부터 과정 및 시식까지 서로의 의견 교환이 활발하게 일어난다. 때론 양보하고 때론 조절하며 서로의 공통점을 찾아간다. 요리가 완성되면 성취감과 함께 서로에게 맛보라며 따스한 정서를 불러일으킨다. 이와 같은 공동 작업으로는 장난감 조립하기, 퍼즐 맞추기, 화분에 꽃 심기, 같이 심부름하기, 부분을 나누어 설명하기(앞부분은 아이가, 뒷부분은 엄마가), 같이 만든 놀잇감으로 게임하기(물총, 비행기 등) 등등이 있다. 함께 할 수 있는 일들로 아이에게 성취감을 선물하자.

두려움 없는 아이는
낯설어하지 않는다

껍질을 벗기지 않고는 바나나를 먹을 수 없듯,
서먹함을 벗기는 과정 없이 사람과 친해지기는 어렵다.
어색함을 다정함으로 바꾸기 위해서는 노력이 필요하다.

사회성

수련회를 가서 레크리에이션을 하면 장기자랑 코너가 빠지지 않는다. 수많은 친구들 앞에 나가 진행자의 요구에 따라 춤도 추고 게임도 하는 것이다. "자, 각 반 대표 앞으로 나오세요"란 사회자의 말에 아이들은 누군가의 이름을 부른다. "김○○", "이○○"라고 외치는 함성이 작게, 그리고 다양하게 시작돼 몇 초 안에 한 아이로 통일되어 소리가 커진다. 그런데 깜짝 놀랄 일은 이름이 불리는 아이들의 절반은 귀를 막거나 다른 곳으로 도망가버리고 엉뚱한 아이가 무대 위로 올라간다는 사실이다. 더 놀랄 일은 교실에서 조용하게 지내는 아이들이 그 무대에 섞여 있다는 점이다.

처음 이러한 일을 목격하고 교실에서 이 아이들을 자세히 관찰해보았다. 그러자 또 놀라운 사실을 알게 되었다. 이 아이들은 낯섦을 두려워하지 않는다는 공통점을 지니고 있었다. 교실에서 처음 대면한 날 나에게 다가와 "선생님, 저 3학년 때 선생님 많이 봤어요", "선생님, 최○○ 아시죠?"라며 다정하게 말을 걸거나 관심을 보이던 아이들이었는데, 교사로서 이런 아이들에게 호감이 가는 건 당연하다.

모래밭에서 4학년 정도 되는 아이들이 놀고 있는데, 1학년 아이가 다가가더니 철봉대에 잠깐 매달려 있다가 형들에게 "형, 모래성이 무너지잖아" 하며 다급하게 위험을 알린다. 그러고는 그 옆으로 가 같이 도란도란 이야기를 하며 모래성을 쌓는다. 1학년이 4학년의 놀이 친구가 되고 4학년 세계에 1학년을 끼워주는 보기 좋은 모습이다. 1학년 아이가 형들에 대한 낯섦을 깨뜨리지 못했다면 기껏해야 혼자서 모래를 가지고 놀다가 모래밭을 떠나는 정도였을 것이다. 외로움을 안고 말이다.

아이에게 사람들의 시선 모아주기

많은 사람에게 주목받는 일은 누구에게나 부담스러운 일이다. 일부러 환경을 조성해 아이로 하여금 시선의 두려움을 이기게 하

자. 버스, 식당, 등산로나 길거리에서 큰 소리로 무엇인가를 요구해서 시선을 집중시킨다. 사람이 많은 곳에서 아이의 이름을 불러보거나 식당에서 종업원을 크게 부르라고 시켜도 좋다. 등산길에 올랐다면 "야호!" 하고 소리쳐보게 하자.

모두가 주목하는 공개된 무대 만들기

낯섦을 극복하는 가장 좋은 방법은 아이를 무대에 세워 주목받게 하는 것이다. 많은 사람이 지켜보는 곳에 자주 서면 낯섦을 쉽게 극복할 수 있고 사람을 두려워하지 않게 된다. 학예회 때 연극 주인공 맡기, 음식점에서 주문하기, 놀이기구를 탈 때 엄마에게 손 흔들기, 개성 있는 옷 입고 밖에 나가기 등이 있다.

설문 조사로 낯선 사람에게 말걸기

간단한 설문지를 만든다. 예를 들면 "가장 좋아하는 과일이 무엇인가요?" 란 설문지를 만들어 사람이 많이 모이는 공원에서 아이에게 설문 조사를 시켜보자. 한 장당 100원을 준다거나 100장을 해오면 소원을 들어주는 식으로 상을 준다면 동기 부여가 될 것이다.

마음의 다리를 잇는
공감의 기술

우리나라 사람이 가장 좋아하는 말은 '사랑', '엄마'라고 한다.
장난꾸러기도, 화난 아이도, 우울한 아이도
이 말 앞에선 숙연해진다. 모두 공감하는 말이기 때문이다.

친구가 된다는 것은 서로 공감을 하는 일이다. 친한 친구는 공감을 더 많이 하는 친구고, 소중한 친구는 공감을 깊이 하는 친구다. 친구 간에 다툼이 있거나 소외감이 감돌다가 약간 발전하는 듯싶으면 자주 쓰는 방법이 있다. 바로 둘이 하나 되기 활동이다. 보통 운동, 게임, 공동 작업에 사용하는데 두 사람이 손을 잡고 농구를 하게 하거나, 같은 편이 되어 게임을 하거나, 같이 퍼즐을 맞추게 하거나, 두 사람이 한 손만 사용해서 찰흙 작품을 만들거나,

쉬는 시간 10분 내내 둘이 손을 잡고 다니도록 한다. 이런 활동들은 서로 공감하지 않는다면 불가능하다. 어느 한 사람만의 의지로 되는 것이 아니라 둘이 서로 마음을 이어야만 되기 때문이다.

처음에는 티격태격, 슬금슬금, 진퇴양난 식으로 출발하지만 시간이 지나면 어느새 둘은 하나가 되어 무언가를 느끼게 된다. 물어보면 "같이 하니까 돼요", "잘하고 싶은 마음이 생겼어요", "괜찮았어요" 같은 긍정적인 대답을 들을 수 있는데 공감의 온기가 서로에게 전해진 것이다. 조금만 지나면 아이들은 언제 그랬느냐는 듯 둘이 이야기하며 논다.

저학년의 경우 친구의 감정보다는 바로 그 순간에 생기는 자신의 감정을 우선시하기 때문에 공감 능력이 부족하다. 그래서 친구도 깊이 사귀지 않는다. 즉흥적으로 싸우고, 화내고, 웃으며 그때그때 노는 친구들이 달라진다. 순간의 감정에 충실하며 지금 놀고 있는 친구와 전날 싸운 일은 까마득히 까먹는다. 그래서인지 왕따나 친구를 괴롭히는 문제가 그렇게 많이 일어나지 않는다.

하지만 중학년 이상의 경우 친구 그룹이 형성되는데 여기서 중요하게 여기는 것이 바로 서로간의 공감이다. 상대방의 감정과 자신의 감정을 교차시켜보고 같은 경험, 같은 성향, 같은 목적, 같은 환경 등의 기준으로 재보며 '너는 친구', '너는 맞짱 뜨는 아이', '너는 관심도 없는 아이' 등으로 나누어 대응한다. 그런데 이러한 감정 교차 단계에서 자신의 마음을 친구에게 주거나 친구의 마음을 받아들이는 공감 능력이 부족하면 아이의 마음에 탈이 난다.

특히 잘난 체하는 행동은 공감에 방해가 된다. 자신은 잘난 체하지 않았는데도 은연중에 한 행동이 친구들의 기분을 상하게 만들기도 하는데, 이러한 행동이 무엇인지도 파악해야 한다.

둘이 하나 되는 공동 작업으로 마음 잇기

공동 작업은 둘이 한 마음이 되어야 가능하다. 엄마와 아이가 10분간 서로 손을 잡고 있거나, 한 손을 잡고 같이 물건을 만들어 본다. 퍼즐이나 블록을 맞출 수도 있다. 같이 요리를 하거나 서로 조금씩 먹여주는 것도 효과 만점이다. 같은 편이 되어 간단한 게임을 하거나 함께 손을 잡고 청소를 하는 것도 좋다.

질문으로 아이의 마음에 노크하기

중학년 이상 되면 아이는 엄마와 대화를 하려고 들지 않는다. 그래서 대화의 동기 유발이 필요하다. 그림을 보면서 "너는 이 그림을 보고 어떤 생각이 드니?"라고 물어보거나 길을 가다가도 "엄마가 배고플까?"라고 물어보도록 하자. 잠자기 전에는 "오늘 엄마랑 같은 꿈 꿀 것 같은데, 너는?" 하고 아이에게 질문해보자. "엄마가 지은 시인데 너는 어떻게 생각하니?", "네가 지금 나라면 어떤 결정을 하겠니?"라는 식도 괜찮다.

공감 놀이로 상대방의 마음 알려주기

　아이와 엄마의 역할을 바꿔 대화를 해보는 것도 좋은 방법이다. 더 나아가 하루는 아이가 엄마가 되고 엄마는 아이가 되어 실제 역할을 바꾸어 행동하거나 형제간에 역할을 바꾸어보는 것도 좋다. 아이가 머리카락을 자르지 않으려 한다면 엄마가 머리카락이 되어 아이와 대화를 해봐도 좋고, 아이가 친구가 싫다고 말한다면 싫은 이유를 물어본 후 그 친구처럼 행동하면서 친구의 행동에 공감하게 한다.

나와 같지 않다고 차별하지 않기

교실에서 다른 아이를 차별하는 이유는
무시하거나 질투가 나거나 싫어하기 때문이다.
이런 감정을 '저 친구와 나는 달라. 그게 정상이야'라는
관점으로 바꿔주면 차별하려는 마음이 줄어든다.

　나는 교실에서 아이들에게 '3대 차별 불가론'을 가르친다. 첫째 공부로, 둘째 외모로, 셋째 돈으로 사람을 차별하지 말아야 한다고 말이다. 역으로 말하면 이 세 가지는 아이들에게 큰 상처를 줄 뿐만 아니라 존재감을 약화시켜 자칫 소외나 왕따로 내모는 강력한 무기가 된다. 세 가지 중 하나도 갖지 못한 아이는 교실에서의 삶이 그리 행복하지 않는 게 현실이다. 그래서 고학년의 경우 기를 쓰고 유명 브랜드 옷 하나를 입고자 엄마를 닦달한다.

싸움이나 말썽으로 자신의 존재감을 드러내는 아이도 많다. 반대로 친구를 외면하거나 왕따시킴으로써 시소의 원리처럼 자신의 존재감을 올리려는 아이도 있다. 이런 행동의 효과는 일시적일 뿐, 아이의 존재감을 낮추는 강력한 외풍이 몰아닥친다. 50점짜리 시험지, '숏다리'라는 한 마디의 말, 교문 앞 외제차에서 내리는 친구의 모습 등등이 마음을 아프게 한다. 적어도 중학년 이상부터 아이의 마음은 이런 일들로 상처를 입는다. 그리고 아이는 점점 소외되어간다.

나는 교실에서 '3대 차별 불가론'의 해결책으로 공부, 외모, 돈과 거리가 먼 게임들을 자주 한다. 빙고 게임, 장기자랑, 공기 시합 같은 게임은 공부, 외모, 돈이라는 기준에서 뒤처져 있던 아이들을 갑자기 스타로 만들어준다. 신기하게도 이런 면에 뛰어난 아이가 있다. 조별 게임에서 마지막까지 남아 조의 운명을 판가름내는 순간, 친구들이 자신의 이름을 외치는 응원 소리를 들으면 아이의 얼굴에는 환한 웃음꽃이 피어난다. 이 과정에서 아이들은 서로가 다름을 알게 된다. 능력의 차이는 분야에 따른 능력의 차이일 뿐이라는 사실을 말이다. 아이들 간에 차별이 없어지기 시작하는 순간이다.

장점 쓰기로 친구의 개성 찾게 하기

아이에게 친구들의 이름을 적은 뒤 친구 하나하나의 장점을 쓰게 하자. 아무리 사소한 것이라도 다 쓰도록 한다. 생각이 안 나는 친구들은 다음 날 관찰하거나 장점을 물어 알아오도록 한다. 이때 자신의 장점도 쓰도록 한다. 그리고 나의 장점과 친구들의 장점을 비교하면서 각자의 능력이 서로 다르다는 사실을 깨닫게 한다.

공부, 외모, 돈으로 친구를 보지 않게

공부, 외모, 돈의 기준에서 뛰어나든 아니든 간에 아이로 하여금 그 기준으로 친구와 자신을 평가하지 않도록 하자. 공부를 잘하지 못해도 행복한 사람들, 외모가 뛰어나지 않아도 당당한 사람들, 집안이 가난해도 성공한 사람들의 이야기를 끊임없이 해준다. 또 공부를 잘해도, 외모가 잘생겨도, 돈이 많아도 겸손하고 베푸는 사람들의 이야기를 들려주면서 사람들 간의 차이는 당연한 것이며, 그 차이를 인정하면서 자신의 장점을 발전시켜야 한다고 알려주자.

가족이 함께 체험하는 생각의 다양함

가족 간의 대화를 통해 생각의 차이를 알게 하자. 예를 들어 명화를 놓고 가족 각자의 생각을 적도록 해서 생각에 차이가 있다는 사실을 알게 한다. 또 마트에 가서 각자 한 가지 물건을 산 후 집에 돌아와 그 물건을 산 까닭을 말하며 서로 다양한 취향과 생각을 가졌다는 사실을 알도록 한다. 여러 가지 음식을 놓고 한 가지만 선택해 먹으면서 그 음식을 고른 까닭을 이야기해본다. 여행할 곳을 각자 조사한 후 홍보하는 시간을 가져도 재미있다.

인사 잘하는 아이는
예쁠 수밖에 없다

처음 인사를 받으면 그냥 고개를 끄덕한다.
두 번째 인사를 받으면 그 아이를 다시 한 번 쳐다본다.
세 번째 인사를 받으면 그 아이에게 친근함을 느낀다.

　　인사를 잘하는 아이들이 있다. 방금 수업을 했는데도 복도에서 만나면 또다시 인사를 한다. 나는 앞문으로 나가고 그 아이는 뒷문으로 나와 마주친 것이다. 불과 몇 초 전에 서로 얼굴을 맞대며 수업을 했는데도 반갑게 인사를 한다. 어떤 아이들은 집에 갈 때 내 자리까지 와서 공손하게 "선생님, 안녕히 계세요"라고 인사하고 간다. 순간 무언가 따뜻한 마음이 일면서 '저 아이가 나를 존경하나?' 라는 멋쩍은 생각도 든다. 인사는 존중감을 보여주는 잣대다. 보통 겉으로 드러나는 모습으로 상대방의 마음을 헤아리게 되기 때문에 인사를 잘하는 아이들에게는 특별한 호감이 간다.

인사를 잘하는 아이들은 친구 관계도 좋은 편이다. 인사로 건넨 따뜻한 마음이 친구의 마음에 살포시 전해지기 때문이다. 인사할 때는 얼굴 표정도 변한다. 웃음 띤 얼굴로 상대방을 바라보니 누군들 좋아하지 않겠는가. 참 쉽고 효과 큰 대인관계 기술이다.

심리학에 '초두(初頭) 효과'라는 것이 있다. 앞의 정보가 뒤의 정보보다 이미지 형성에 큰 영향을 준다는 것이다. 착했던 사람이 나빠지면 착했던 이미지를 더 떠올리고, 나빴던 사람이 착해지면 나빴던 이미지를 먼저 떠올리게 되는 것은 그 때문이다. 초두 효과의 대표적 사례가 바로 인사다. 우리 속담에 "웃는 얼굴에 침 못 뱉는다"라는 말이 있다. "안녕하세요?", "좋은 아침입니다"라고 인사를 하면 상대방은 의례적인 인사말이라고 생각하더라도 인사 한 사람에게 친밀감을 느낀다. 안 좋은 이야기도 먼저 밝게 인사를 하고 나서 하면 인사를 안 했을 때보다 상대방은 화를 적게 내거나 약한 거부 반응을 보인다.

🏃 인사도 연습해야 잘한다

인사는 표정과 자세로 마음을 전달하는 행위다. 따라서 인사를 할 때 표정이 굳어 있고 자세가 바르지 못하다면 마음이 제대로 전달되지 않는다. 아이에게 인사 연습을 시키자. 가장 좋은 방법은 거울을 보면서 인사를 하는 것이다. 두 손을 모아 배에 대고 고개를 숙여 인사를 하거나 차려 자세로 고개를 숙이는 모습 등 거울 앞에서 연습을 해보고, 특히 얼굴을 잘 관찰해서 표정을 밝게 한 뒤에 인사를 하도록 한다.

인사 잘하는 아이, 엄마에게 배운다

어른이 외출할 때 "안녕히 다녀오세요", 가족들이 집에 돌아와 서로 만날 때 "어서 와", 아침에 일어날 때 "잘 잤니? 좋은 아침이구나!" 하고 서로 인사하는 습관을 들인다면 아이는 밖에 나가서도 집에서 하는 것처럼 인사를 잘할 것이다. 집에 손님이 오면 아이에게 인사를 하도록 하고, 같이 밖에 나가서도 아는 어른이나 친구를 만나면 인사할 것을 약속하자. 아이가 쑥스러워하면 부모가 먼저 인사를 하는 모습을 보여준 뒤 아이의 손을 잡고 격려해준다.

5장
엄마의 습관 코칭 '다섯'

대화

대화의 9단, 경청을 가르쳐라

아이들의 사회에서도 경청은 상대방에 대한 기본 예의다. 교실에서 친구나 선생님과 가장 눈을 잘 맞추는 아이는 바로 경청하는 아이이며, 교사로서 이런 아이들과는 이야기를 하고 싶어진다.

교실에는 많이 듣는 아이와 많이 말하는 아이가 공존한다. 많이 듣는 아이는 대체로 침착하고, 많이 말하는 아이는 대체로 활기차다. 두 아이 모두 장단점이 있지만, 많이 듣는 아이가 조금 더 인정을 받는 편이다. 중학년 이상의 경우 경청을 잘하는 아이가 회장에 당선될 확률이 높고 친구들의 호감 역시 높다. 친구들의 말을 들어줌으로써 친구들의 존재감을 높여주기 때문이다. 많이 듣는 아이, 즉 경청을 잘하는 아이들은 수업 시간에 선생님과 시선을 맞추며 수업을 열심히 듣는다. 기분 좋은 일이다. 반면 많이 말하는 아이는 수업 시간에 옆 친구와 얘기를 하며 선생님이 아닌 친구와 시선을 맞춘다. 김이 빠진다. 말 없는 아이 모두가 많이 듣는 아이는 아니다. 말은 없지만 상대방의 말에 귀를 기울이지 않는 아이도 있다. 수업 중 이런 아이들의 시선은 선생님이 아닌 딴 곳에 가 있다.

경청을 잘하는 아이들은 충동적이지 않아서 화를 내거나 쉽게 흥분하지 않는다. 반면 말이 많은 아이들은 충동적이며 쉽게 흥분한다. 그래서 전자의 아이들은 말을 잘 기억하고, 후자의 아이들은 말을 잘 잊는다. "이거 6학년 4반에 가져다주렴" 하고 심부름을 보내면 전자의 아이들은 되돌아오는 경우가 드물지만 후자의 아이들은 중간에 다시 돌아와 "선생님 몇 반에 가져다주라고 하셨어요?"라고 다시 묻는다. 경청하는 아이들은 내가 한 이야기의 상당 부분을 기억하지만, 경청을 하지 않는 아이들은 일부만 기억한다. 그래서 후자의 아이들은 내가 분명히 말한 이야기도 자신은 듣지 않았다고 항변하는 경우가 많다.

말을 많이 하는 사람보다 말을 많이 들어주는 사람과 이야기하고 싶은 것이 사람의 본능이다. 아이들도 마찬가지다. 가슴속 이야기를 말로 풀 때 누군가가 고개를 끄덕이며 "맞아" 하고 맞장구쳐준다면 그 친구에게 고마움과 살가움을 느끼게 된다. 들어줌으로써 친구들을 품 안에 안게 되는 것이다.

경청의 첫걸음, 마음으로 하는 대화

마음만으로 말하는 연습이 필요하다. 엄마가 말하면 아이는 마음속으로 대답하는 시간을 갖게 하는 것도 좋은 방법이다. 두 사람이 간단하게 대화하는 내용으로 대본을 쓴 후, 역할을 나누어 한 사람은 말을 하고 한 사람은 마음으로 대화하는 연습을 해보자. 자신이 하고 싶은 말을 마음속으로 하게 하면 경청의 시간이 길어진다.

재미있는 듣기 놀이로 경청 공부하기

아이에게 5~10분 정도 시간을 투자해 신문 기사나 짤막한 에세이, 상식에 관한 글을 들려주고 간단한 질문을 해서 이를 맞히거나, 어떤 지시(3개 이상의 동작이 요구되는 지시. 가령 "가방에서 필통을 꺼내 책상 위에 놓고, 국어 교과서는 안방에다 갖다놓고, 안방 의자를 거실의 식탁에 갖다놓으렴") 등을 이행하는 놀이, 라디오를 듣고 그 내용 정리하기, 가족이 이어가며 이야기 만들기 같은 놀이로 경청을 가르치자. 저학년이나 중학년 아이를 대상으로 하면 좋은 방법이다.

상벌로 하는 아이의 경청 교육

'경청'이라고 쓴 종이 카드를 만들자. 그리고 아이가 이야기를 들어야 할 경우 아이에게 경청 카드를 한 장 준다. 그리고 엄마가 이야기하고 아이는 경청을 한다. 이런 식으로 '경청' 카드를 모으게 한다. '경청' 카드를 10장, 100장 모았을 때 아이의 소원을 들어주기로 약속한다면 아이는 카드를 모으기 위해 기꺼이 엄마의 말에 귀를 기울일 것이다.

비난은 아이를
작아지게 한다

못을 빼더라도 못이 박혔던 자국은 없어지지 않는다.
비난은 못질 같다. 다만 몸이 아닌 마음에 상처를 입힌다.
몸에 난 상처는 금방 아물지만 마음에 난 상처는 평생 간다.

대화

 교실에서 가장 무서운 아이가 누구일까? 바로 "○○이 자꾸 때려요", "○○이 자꾸 조별 활동에 협조를 안 해요", "○○이 청소를 안 하고 장난만 쳐요"라고 항상 누군가를 비난하는 아이다. 내가 가장 경계하는 것도 바로 이런 아이들의 말을 곧이곧대로 믿는 것이다. 이런 아이들의 말 속에는 결국 비난하는 자신은 착한 아이, 비난당하는 아이는 나쁜 아이라는 전제가 깔려 있다. 하지만 실제 내막을 조사해보면 서로 같이 잘못한 경우가 다반사다. "○○이 자꾸 때려요"란 말의 경우, 두 아이를 불러 조사해보면 먼저 잘못한 아이는 바로 친구를 비난한 아이이고, 그 아이도 똑같이 때린 경우가 비일비재하다. "똑같이 때려놓고 왜 너는 친구를 비난하니?"라고 물으면 아이는 "저는 쟤를 살짝 건드렸을 뿐이에요"라고 대답한다.

물론 순전히 자기 기준에 따른 말이다. 자기가 때린 건 사소하게 생각하는 반면 맞은 건 강하게 느낀다. 누군가에게 보통 강도로 맞았더라도 느끼는 건 다르다. 평소 자주 싸우고 집에서 매를 많이 맞는 아이는 "살짝 건드렸어요"라고 한다. 보통의 아이는 "때렸어요"라고 표현하고, 싸움이 적거나 물리력을 잘 쓰지 않는 아이들과 집에서 매를 맞지 않는 아이는 "쟤가 나를 팼어요"라고 강하게 표현한다. 이것이 더욱 발전하면 자신이 한 일은 작게, 남이 한 일은 크게 부풀려서 말한다. 또한 다른 아이의 잘못은 굉장히 크게 부풀려 표현하고, 자신이 한 잘못은 쏙 빼고 말한다. 이 말을 곧이곧대로 믿는 엄마는 아이 때문에 가슴이 털썩 내려앉는 듯한 충격을 받는다.

초등학생이라서 그런지 비난당한 아이는 반드시 앙갚음을 하기 일쑤다. 비난받은 아이가 다시 다가와 비난한 아이를 이르는 것이다. 이렇게 서로 물고 물리는 비난의 전쟁은 교실에서 다반사로 일어난다. 교실에 비난이 난무하면 아이들은 서로에게 상처를 받아서 더 센 강도의 수단, 즉 욕과 물리력을 동원하게 되고 고학년의 경우 따돌림이 발생한다.

비난은 상대방을 공격하는 행위다. 공격은 공격을 낳고, 공격은 상처를 낳는다. 비난은 둘 다 지는 싸움이다. 전쟁으로 집이 부서지고 사람이 죽듯 비난으로 인격이 부서지고 정서가 망가진다. 친구로서의 친밀감은 더 이상 유지되지 않는다. 따라서 비난보다는 용서와 화해를 배워야 따뜻한 아이로 성장하고, 교실 분위기도 따뜻해지며, 따뜻한 사회가 된다.

잔소리보다 격려가 아이를 바꾼다

아이들이 가장 무서워하는 것은 귀신도 어둠도 아니다. 바로 엄마의 잔소리다. 아이와 대화하고 싶지 않다면 잔소리를 많이 하면 된다. 잔소리를 하다 보면 자연스레 비난으로 이어지고, 이 과정에서 아이는 비난하는 법을 배워 다른 사람의 마음을 공격하게 된다.

잔소리를 줄이는 최상의 방법은 아이를 이해하는 것이다. 아직 어리기만 한 아이는 엉뚱하고 논리적이지 못하며 실수가 잦고 도덕심도 잊곤 한다. 엄마도 이 점을 너무나 잘 알지만, 그래도 가끔 잊기 때문에 잔소리를 더 하게 된다. 야단치기 전에 아이의 눈높이에 맞춰 아이를 이해해보자. 어쩔 수 없이 잔소리를 해야 한다면 30초 이내로 하되, 문제가 되는 일에 대해서만 말하고 인격적인 공격은 하지 말자. 또 격려하는 말로 잔소리를 대신해보자. 늦게 일어난다면 아이 옆에 다가가 "일찍 일어났구나. 훌륭해요, 우리 딸. 어제는 엄마 방 닦는 것도 도와주고. 정말 고마워요"라며 아이에게 힘이 되는 칭찬의 말을 해주자.

비난하는 아이의 마음을 먼저 헤아려보자

아이가 누군가를 비난하는 이유는 마음에 억울함이 남아 있기 때문이다. 먼저 아이의 억울함을 들어주자. 그리고 아이의 마음이 가라앉으면 비난한 내용을 다시 이야기하며 비난하지 않고 말하는 다른 방법을 알려주자. "네가 한 말 중에 아까 그 말은 동생의 마음에 상처를 주는 거야. 그 말을 빼고 다시 말해볼까?", "아까 한 말들을 지금 다시 처음부터 해보자. 단, 동생을 나쁘다고 하지 말고 말이야"라는 식으로 다른 표현 방식을 찾도록 한다.

엇나가는 아이, 매보다는 벌이 낫다

매를 맞으면 잘잘못을 떠나서 억울하다고 생각하기 쉽다. 또 매를 맞지 않기 위해서 방어기제로 매를 맞게 한 사람에게 비난을 쏟아낸다. 아이의 말을 억누르는 일도 마찬가지다. 잘못을 저지르더라도 매를 들거나 말을 억누르지 말고 먼저 아이의 입장에서 들어주자. 벌을 내리려면 아이의 말을 다 들은 후 협의 하에 의자에 10분 앉아 있기, 동생과 1분 껴안고 있기, 청소하기 같은 일을 시킨다.

칭찬 카드 놀이로 형제간 다툼 줄이기

형제가 있는 집에서는 서로 비난하는 일이 자주 일어나는데, 칭찬 카드를 주고받게 하면 이런 일을 크게 줄일 수 있다. 카드를 마련해놓고 형제끼리 서로 칭찬을 하며 카드를 주고받게 하자. 카드를 받은 아이를 적극 칭찬하고, 카드를 많이 모아오면 일정한 보상을 해주는 식으로 카드 놀이를 한다. 이때 칭찬을 많이 한 아이를 불러 함께 칭찬하면 좋다.

타인을 친구로 만드는 '나 전달법'

"너, 때문이야"의 '너'에서
'ㅓ'를 오른쪽으로 뒤집으면 "나, 때문이야"가 된다.
조금만 생각을 바꾸면 '너'가 '나'로 변한다.
너가 아닌 나로부터의 시작, 그것이 대화의 기술이다.

의사소통에는 '너 전달법'과 '나 전달법'이 있다. 아이가 거실에서 뛰다가 엄마의 발을 밟았다. 이때 엄마는 "너, 가만히 안 있을래?", "너, 뛰지 말랬지", "너, 왜 조심성이 없니?"라는 식으로 말을 하는 경우가 많다. 이것은 '너 전달법(You-massage)'이다. '너 전달법'의 주어, 주체는 '너'다. 주체가 '너'이기 때문에 '너'가 잘못한 일에 대한 비난, 비판, 주의, 경고, 평가 등이 따른다. '너 전달법'에서 '나'는 피해자고, '너'는 가해자가 된다. 또 '나'는 승자가 되고 '너'는 패자가 된다. 이러한 '너, 전달법'의 결과로 "엄만 맨날 나만 뭐라고 해", "엄마도 그럴 때 있잖아"란 말로 아이는 항변한다. 자신을 방어하는 것이다. '너 전달법'으로 아이의 자존심이 상했기 때문이다. 물건을 훔친 당사자에게 "너는 도둑놈"이라고 한다면 "네, 그래요. 저는 도둑놈입니다"라고 말할 사람이 누가 있겠는가.

반면 "엄마가 아파", "내가 일을 할 수 있으면 좋겠구나", "엄마가 깜짝 놀랐어. 거실에서 놀아"와 같이 말하는 방법이 있는데, 이것을 '나 전달법(I-massage)'이라고 한다. '나 전달법'의 주어, 주체는 '나'다. 주체가 '나'이기 때문에 '너'에 대한 비난 대신 '나'의 상황, 느낌, 대안을 말한다. '너 전달법'에서 '나'는 피해자이지만, '나 전달법'에서 '너'는 '나'의 마음을 알아주는 동반자이자 공감자가 된다. 따라서 '나'와 '너' 사이에 승패는 없다.

"너, 숙제 안 하니?" 대신에 "엄만 네가 숙제하는 모습이 제일 좋더라"로, "너, 또 싸웠어?" 대신에 "다친 줄 알고 엄마가 놀랐어. 다음부터는 싸울 것 같으면 엄마에게 먼저 말하렴"처럼 '나 전달법'으로 말을 바꿔라. 이때 아이에게 '너 전달법'을 '나 전달법'으로 바꾸는 연습을 꾸준히 시키는 것이 매우 중요하다. 아이가 '나 전달법'을 쓰면 상대방을 비난이나 비판하기보다는 자신의 느낌과 감정을 상대방에게 전달하기 때문에 적대감을 유발시키지 않는다.

교실에서도 '나 전달법'을 쓰면 아이는 훨씬 긍정적으로 반응

한다. "글씨를 또박또박 쓰면 선생님은 기쁠 거야", "싸우면 다치잖아. 선생님은 네가 다칠까 봐 걱정된다. 선생님 걱정시키기 싫지? 싸우지 마", "교실에서 뛰면 선생님이 일에 집중할 수 없어. 걸어다니렴" 하고 말하면 아이들은 훨씬 차분해지고 내 말을 긍정적으로 받아들인다. 그만큼 아이들과 가까워지고 교실은 밝아진다.

엄마부터 '나 전달법'으로 대화하기

방금 설명한 것처럼 엄마부터 '나 전달법'으로 대화해야 아이도 자연스레 '나 전달법'을 쓴다. '나 전달법'을 쓸 때는 4단계를 거친다. 물론 4단계 모두 다 넣어 문장을 표현하지 않아도 된다. 1단계 하나만으로도 가능하고 2, 4단계나 1, 2단계 두 개만으로도 가능하다. 다음은 '나 전달법' 4단계의 예를 정리한 표다. 참고해보자.

〈1단계〉 상대방에 대한 배려와 행위 제시	〈2단계〉 나에게 미치는 영향	〈3단계〉 나의 기분, 느낌, 상황	〈4단계〉 나의 바람과 격려
안 다쳤니? 방에서 뛰면	엄마가 일을 할 수 없어.	그래서 엄마는 화가 나.	거실에서 놀아라.
바빴니? 책상이 어지럽네?	엄마가 치워야 하는데, 하지만	엄마는 허리가 아파.	책상 정리를 해주면, 엄만 기쁘겠구나.
성적이 잘 안 나와서 마음 아팠겠구나.	엄마도 더 노력을 해야겠다.	엄마 마음도 아파. 하지만	앞으로 공부 열심히 하면 돼. 힘내, 내 아들!

단계별로 가르치기

'나 전달법'을 가르칠 때는 단계별 방법을 쉽게 이해할 수 있도록 풀어서 설명한다. 하루 중 있었던 일을 떠올려 단계에 맞게 칸을 채우도록 한다. 아이가 다른 사람을 비난할 때 4단계를 하나씩 떠올리며 말하도록 차분하게 지도한다. 가족이 아닌 경우 1단계는 자칫 '너 전달법'이 되어 비난이 될 수 있으므로 생략할 수 있다. 다음은 '나 전달법' 4단계 지도법을 정리해본 것이다.

〈1단계〉 상대방에 대한 배려와 행위 제시	〈2단계〉 나에게 미치는 영향	〈3단계〉 나의 기분, 느낌, 상황	〈4단계〉 나의 바람과 격려
잘못한 일은?	나에게 미치는 일은?	나의 기분은?	바라고 싶은 것은?
괜찮니?	네가 빨리 뛰어서 내가 넘어질 뻔했어.	그래서 내가 놀랐어.	다음부터는 걸어다니면 고맙겠어.
생략	넘어질 뻔했어.	깜짝 놀랐어.	다음부터는 걸어다니면 고맙겠어.
넌 욕을 안 할 줄 알았는데, 욕을 해서	나도 욕을 배울까 봐	걱정이 돼.	앞으로 욕을 안 했으면 좋겠어.
생략	나도 욕을 배울까 봐	그래서 걱정이 돼.	생략

단계별 지도는 아이에 따라 어려울 때도 있다. 그럴 때는 다음과 같이 2단계로 가르친다.

〈1단계〉 나의 기분	〈2단계〉 나의 바람과 격려
지금 내가 생각할 게 좀 있어.	장난치지 말아줬으면 고맙겠어.
지금 나도 청소하기 싫어.	같이 하면 고맙겠어.

몸짓으로 아이의 말에 날개 달아주기

등을 다독이거나, 눈을 맞추거나, 고개를 끄덕이거나,
"아, 맞아"라고 맞장구를 치는 행동은 대화의 양념이다.
사소하지만 긍정적인 몸짓의 중요성을 가르쳐준다면
아이는 친구들과 더 즐겁게 대화할 수 있을 것이다.

"선생님, 저 사랑하세요?" 키가 170센티미터가 넘는 6학년 아이가 와 묻는다. "응? 너도 남자고 나도 남잔데 무슨 사랑?" 하고 농담처럼 되물으면 "그런데 왜 저에게 윙크를 하세요?"라고 넉살 좋게 대답한다. "그거야 네가 좋아서"라고 대답하면 아이는 "아휴, 징그러워요" 하면서도 싫지 않다는 표정으로 해맑게 웃는다. 평소 나와 대화를 거의 하지 않던 아이였다.

"선생님, 4학년 때는 정말 선생님 반이 되지 않을래요." 3학년 여자아이가 묻지도 않았는데 말한다. "왜?" "선생님은 맨날 저랑 손바닥을 마주치며 '파이팅'이라고 하잖아요. 손바닥 아파서 죽겠어요." 여자아이는 빨간 원피스를 살짝 흔들며 항변한다. 3학년 때까지 바지만 입고 다니며 남자아이와 늘 한판 대결을 벌이던 선머슴 같던 아이였다.

깨끗이 비운 식판을 가지고 나온 2학년 아이가 "선생님, 저 작은 의자에 그만 앉으세요. 키가 저랑 똑같잖아요. 아기예요?"라고 한다. 이갈이 하느라 앞니가 두 개 빠진 남자아이다. "네 눈이 참 예뻐서 그래." 그러자 아이는 킥킥 웃으며 "선생님, 내일은 밥 많이 안 먹을 거예요"라고 말한다. "누가, 너 밥 많이 먹으래? 선생님은 네 눈이 예뻐서 그런다니까" 하고 대답하자, 아이는 "꺅!" 하고 소리지르며 빈 식판을 냅다 던지고 도망간다. 1학년 때까지 급식을 거의 먹지 않던 아이였다.

6학년 여학생이 졸업 전에 나에게 준 편지에 이렇게 쓰여 있었다. "선생님이 부담됐어요. 왜 제가 말할 때마다 고개를 끄덕거리시는 거예요? 자꾸 그러시니까 어쩔 수 없이 체육을 할 수밖에 없었잖아요. 전 체육이 너무 싫은데." 이 여학생은 체육 시간에 늘 배가 아프다고 한쪽 구석에 가서 쪼그려 앉아 있던 아이였다.

대화에 힘을 실어주는 몸짓

미국의 심리학자 앨버트 메라비언은 의사소통 요소의 중요도를 따져보니 표정이나 몸짓 같은 몸의 언어가 55퍼센트, 목소리가 38퍼센트, 말의 내용이 7퍼센트라고 했다. 몸과 표정이 말보다 훨씬 강한 힘을 발휘한다. 밝은 표정을 짓거나, 눈을 응시하거나, 손을 꼭 잡거나, 고개를 끄덕이거나, 음식을 앞에 놓아주는 것같이 몸으로도 의사를 표현할 수 있도록 가르치자.

이름을 부르면 마음의 거리가 좁아진다

만난 사람, 만나고 있는 사람의 이름 또는 호칭을 외우게 하자. 이름이나 호칭을 부르는 것만큼 상대방의 마음을 한순간에 끌어당기는 것은 없다. 장소 또는 관계 중심으로 이름과 호칭 관계도를 그려 이를 기억하도록 지속적으로 질문해보자.

맞장구, 반복, 질문으로 대화의 흥 돋우기

대화할 때 "아, 그래?", "그렇구나", "오케이!" 같은 말로 맞장구를 치거나, 친구가 한 말을 따라하거나, 대화 중간중간에 질문을 하는 것은 상대방의 말에 생기를 불어넣는다. 따라서 '맞장구', '반복', '질문' 팻말을 들고 아이와 대화하면서 상황에 맞게 팻말을 들어올려 그에 맞는 동작이나 말을 하는 습관을 길러주자.

음식으로
아이의 마음을 열어라

음식을 씹으면 몸에 에너지를 주는 당질과 '사랑의 호르몬'이라 불리는 옥시토신이 분비되어 마음이 안정된다.
안정된 상태에서 대화하면 대화 역시 부드러워진다.

고학년 아이들은 저학년에 비해 선생님과 점심을 먹고 싶어 하지 않지만, 그래도 싫어하는 기색은 보이지 않는다. 보통 6인 1조로 자리가 만들어지므로 특별한 일이 없으면 일주일에 한 번은 아이들과 같이 점심을 먹는다. 처음에는 서먹서먹해도 시간이 조금 지나면 말의 물꼬가 터져 대화가 자연스러워진다. 아이들과 밥을 먹다 보면 많은 정보를 얻게 된다. 물론 친구 관계도 훤히 알게 된다. 누가 퀸카이고 킹카인지, 누가 소외당하고 있는지, 아이들의 고민이 무엇인지 등등을 말이다. 아이들의 요구도 자연스럽게 전달되고 나에 대한 질문도 많이 나온다.

이렇게 점심을 먹으면서 나누는 대화에는 커다란 장점이 있다. 방과 후 자리를 마련해 상담을 하면 아이들은 "이야기할 게 없어요"라고 말을 딱 자르며 집에 빨리 가려고 하지만, 점심시간에 함께 밥을 먹으면서 이야기를 하면 슬슬 말을 꺼낸다. 마음속에 꼭꼭 숨겨놓았던 이야기도 어느 순간에 살짝 보여준다. 상담을 위한 자리에서나 둘만의 대화 시간에는 들을 수 없는 내용이다. 이렇게 대화를 하다 보면 고학년에서 다반사로 일어나는 폭력이나 따돌림, 반항 등의 문제가 많이 줄어들기도 한다.

문제를 일으키는 아이들 중 정도가 심하거나 리더 격인 아이들은 학교 밖 분식집 등으로 데려가서 이야기를 해본다. 처음에는 가만히 있던 아이도 "그냥 먹자"라는 말에 어쩔 수 없이 하나 둘 먹다 보면 보이지 않는 내면의 감정이 조금씩 이어져 서로간의 어색함이 줄어든다. 이렇게 대화의 불씨가 조금씩 살아나는 것은 음식이라는 매개체가 있기 때문이다.

식사는 가족이 함께

가족이 모여 함께 식사를 하는 집의 아이는 그렇지 않은 집의 아이에 비해 대화 능력, 지적 능력, 정서적 안정이 향상된다는 연구 결과가 많이 보고되고 있다. 가족이 모여 함께 식사를 하다 보면 다양한 주제에 대해 이야기를 나누게 된다. 이 과정에서 아이들은 다양한 지적, 정서적 능력을 터득한다. 식사 시간에 가족 모두가 모이지 못한다면 저녁 9시 이후에라도 간단한 다과를 준비해 대화할 시간을 마련하거나 휴일에 가족 간의 식사 자리를 마련해 아이와 이야기를 나눠보자.

사탕, 초콜릿으로 대화의 벽 허물기

사탕 하나를 건네면 대부분의 사람이 거절하지 않는다. 부담이 적기 때문이다. 작은 사탕 하나로 상대방에게 호의를 갖게 해 좀 더 좋은 분위기로 대화를 이끌 수도 있다. 또 사탕의 당질은 긴장을 풀어줘 부드러운 대화를 유도한다. 아이가 말을 걸어보고 싶은 친구가 있다면 사탕, 초콜릿 하나를 건네면서 대화를 시작해보라고 조언해주자.

서먹한 친구에게 초대장 쓰게 하기

관계가 서먹한 친구를 분식집이나 집으로 초대해 식사를 하면 불편했던 마음이 쉽게 녹는다. 함께 음식을 먹으며 대화를 나누면 금방 친해지는 모습을 보인다. 같이 밥을 먹는 사람을 '식구(食口)'라고 하듯, 음식을 같이 먹다 보면 식구처럼 가까운 사이가 된다. 이때 초대하는 게 관건인데, 간단한 초대장에 마음을 적어 건네면 친구는 음식이라는 매개체와 존중받는 느낌의 초대장에 긍정적인 반응을 보일 것이다. 한 번 거절당해도 몇 번 건네면 결국 통하게 마련이다.

단정한 말이
단정한 아이를 만든다

뒷문을 열고 교실로 들어가려는 순간 문틈으로 들리는
여자아이들의 욕설. 너무 놀라 차마 들어갈 수 없었다.
그렇게 단정했던 아이들이 어쩌다…….

아이의 모습을 모두 들여다볼 수 있는 거울이 있다면 아마도 그 거울을 보고 엄마가 제일 먼저 놀라 까무러칠지도 모른다. 엄마들은 모르는 아이들의 숨겨진 모습 중 대표적인 게 바로 욕이다. 평소에 단정하던 아이의 입에서 나오는 욕을 듣고 까무러치지 않는 엄마는 없을 것이다. 엄마들은 집에서는 말도 얌전하고 행동도 단정해 세상이 뭐라고 해도 우리 아이만은 결코 그럴 일이 없다고 쉽게 자부한다. 싸움이나 거짓말의 경우 중학년까지는 쉽게 발견되어 엄마가 대처할 수 있기 때문에 그리 놀랄 일이 아니지만, 욕만큼은 엄마도 눈치채지 못하는 경우가 많다. 철저하게 엄마나 선생님이 없는 곳에서만 내뱉기 때문이다.

중학년의 경우 상당수의 아이에게 욕은 문장의 주어가 되고, 고학년의 경우 욕은 문장의 조사가 된다. 즉, 욕이 습관화되는 것이다. 중학년까지는 "반에서 친구를 괴롭히는 아이가 누구인가?", "반에서 욕을 잘하는 아이는 누구인가?" 조사하면 어느 정도 결실을 거둘 수 있지만 고학년의 경우는 철저하게 가려진다. 누군지 알아도 아이들은 쓰지 않기 때문이다. 자기네들끼리의 의리도 있고, 힘의 서열이 고착화되는 시기라 두려워서 못 쓰는 경우도 많으며, 자기 자신 역시 그렇다고 생각하기 때문에 다른 아이의 이름을 쓸 엄두가 나지 않는다.

중학년 이후에는 또래집단이 형성되고 친구 관계가 깊어진다. 친구들 사이에서 도태되지 않기 위해서는 학급에서 힘의 리더 격인 아이들과의 관계가 적어도 보통 이상은 되어야 한다. 그런데 리더 격인 아이들이 쓰는 말의 상당수가 바로 욕이니 이 아이들과 대화하기 위해서는 하기 싫어도 어쩔 수 없이 욕 몇 마디는 해야 한다. 리더인 아이들은 욕으로 자신의 힘을 보여주려고 하고, 심한 욕을 할수록 힘이 세 보일 거라고 생각한다. 성적이 좋은 아이들도 심한 욕을 하는 경우가 있는데, 과다한 학습으로 생긴 스트레스를 분출하려는 행동이다.

그렇다면 우리 아이들이 욕을 배우는 대상은 누구일까? 놀랍게도 욕을 하는 아이의 상당수는 가정에서 욕을 처음 배우는 경우가 많다. 아빠와 엄마가 싸울 때나 운전할 때 욕하는 모습을 가까이서 보거나, 훈육하는 과정에서 부모로부터 욕을 듣는 경우가 많다. 이 과정에서 아이는 부모가 하는 욕을 모방하게 된다.

아이의 욕을 막기 위해서는 가정에서 말의 예의를 지켜야 한다. 말의 예의를 지키지 않으면 부작용이 일어난다. 가정불화의 상당 부분이 바로 가족 간에 말의 예의를 지키지 않는 것에서 출발한다. 말의 예의를 해치는 대표적인 것이 욕인데, 이 외에도 비난, 수다, 거짓말, 괴성, 허풍, 놀림, 비웃음, 거북스러운 표정과 몸짓 등등 예의를 차리지 않은 단정하지 못한 말 때문에 말이 '화해의 기술'이 아닌 '싸움의 기술'로 사용된다. 욕하는 아이를 꾸짖기 전에 가정에서 어떤 말이 쓰이고 있는지 다시 한 번 살펴보자.

욕을 아름다운 말로 바꾸는 연습

욕은 학습된다. 욕을 잘하는 아이들도 누군가에게 배운 것이다. 대표적인 대상이 가족, 친구, 인터넷이다. 이것이 습관화되기 전에 예방주사를 놓아주어야 하는데, 대표적인 예방주사가 욕의 대체수단을 가르치는 것이다. 욕을 몇 개 나열하고 아름다운 말로 바꿔보자. 즉 '새끼'를 '무지개'로, '바보'를 '천재'로 바꾼 후 정말 욕을 하고 싶을 때 이런 말을 대신 하도록 지도해보자.

집안에서 욕을 몰아내자

두말하면 잔소리다. 가정에서 부부끼리 욕을 하고, 부모가 자식에게 욕을 한다면 아이는 십중팔구 귀담아 듣고 어딘가에서 사용하게 된다. 특히 저학년 아이들 중 욕을 잘하는 아이들과 이야기를 해보면 욕이 가정에서 시작됐음을 알 수 있다. 따라서 부모 먼저 욕을 하지 않도록 주의하자. 만약 어쩔 수 없는 경우라면 대체 수단의 욕을 하자. "여보, 정말 당신은 코스모스(대체 수단의 욕)야. 매일 술만 먹고 와. 이제 그만 마셔. 에이, 사랑해(대체 수단의 욕)."

아름다운 시 읽어주기

아름다운 시를 골라 읽다 보면 말의 아름다움을 느끼게 된다. 가족이 각자 시를 준비해 저녁식사 전에 읊어본다. 식사를 하면서도 시의 내용과 관련해 말의 아름다움을 가르쳐보자. 물론 소설이나 다른 형식의 글에서도 아름다운 말을 찾아볼 수 있다. 어느 정도 익숙해지면 아름다운 문장을 만들어 발표해보라고 시켜도 좋다.

나쁜 말, 좋은 말, 정겨운 말

비난하는 말은 아이를 비난의 대상으로 만들고,
인정해주는 말은 아이를 인정의 대상으로 만든다.
눈이 아니라 입으로도 아이를 바라보자.

다음 말들의 공통점은 무엇일까? "동생 반만큼만 해라", "형 좀 닮아", "멍청한 자식", "공부고 뭐고 집어치워!", "넌 맨날 왜 그러니?", "또 일 저질렀어?", "네가 잘하는 게 뭐 있니?", "그럼 그렇지, 별수 있겠어?", "커서 뭐가 되려고 그러니?", "너 때문에 내가 미쳐", "정말 지긋지긋해", "야, 시끄러워", "너, 맞는다", "또 울어?", "빨리 안 해?", "제대로 하는 게 하나도 없니?", "이게 다야?", "도대체 몇 번을 말해야 알아듣겠니?", "똑바로 해", "뚝 그쳐", "말버릇

봐라", "지겨워 못 살겠다", "저리 가!" 등등. 공통점은 바로 부모의 잔소리이자 화풀이하는 말이라는 점, 그리고 아이의 마음에 상처를 주는 말, 아이를 결코 바꿀 수 없는 말이라는 것이다.

부모와 비난받는 아이들의 전쟁은 다음과 같이 진행된다. 아이의 잘못된 일 → 부모의 비난 → 아이 마음에 상처 주기 → 아이의 자존감 추락(불안, 자신감 결여, 덤벙거림, 반항, 싸움, 고성, 욕) → 반복되는 아이의 잘못된 일 → 부모의 비난. 이렇게 아이와 부모의 전쟁은 끝없이 계속된다. 전쟁의 시간이 길어질수록 둘 다 마음의 상처가 깊어지고 감정의 벽은 높아지며 견고해진다. 누군가가 먼저 이 전쟁을 끝내야 하는데, 그 주체는 당연히 부모여야 한다. 그렇다면 어떻게 끝내야 할까? 부모가 먼저 비난의 말을 줄이자. 비난의 말을 하다 보면 아이가 정말 미워 보이고, 아이의 잘못만 보여서 아이와의 전쟁이 되풀이될 뿐이다. 긍정적인 말을 한다면 아이도 공격을 멈추게 될 것이다.

어떤 아이든 잘하는 것이 하나라도 있다. 그것을 찾는 게 우선이다. 잘하는 것에 관해 긍정적인 말을 해주면 평화가 찾아온다. 아이가 잘하는 것, 잘한 일 → 부모의 긍정적인 말 → 아이를 격려하기 → 아이의 자존감 상승(안정, 자신감 회복, 차분해짐, 포용, 인정) → 반복되는 아이의 잘한 일 → 부모의 긍정적인 말. 이런 과정이 되풀이되면 아이의 행동 중 잘한 일이 점점 많아져 어느새 긍정적인 아이로 변한다. 긍정적인 말이 아이를 바꾸는 것이다. 물론 부모도 동시에 바뀐다.

〈안정감을 심어주는 말〉

"틀려도 괜찮아."
"오늘 좋아 보인다."
"실컷 울어. 나아질 거야."
"천천히 해."
"우리가 힘이 되어줄게."
"자, 10까지 세어보자."
"밥 먹었니?"
"엄마가 있잖아."

"결과에 신경 쓰지 마."
"우리 느긋해지자."
"한번 크게 숨을 쉬어볼까?"
"같이 해볼까?"
"푹 쉬어."
"눈을 감아보자."
"마음이 시키는 대로 해."
"점점 좋아지고 있어."

〈격려가 되는 말〉

"실패는 누구나 하는 거야."
"포기하지 마."
"걱정 마. 엄마가 있잖아."
"조금만 더 노력하자."
"시간 많잖아."
"자, 한번 안아보자."
"최선을 다했으면 됐어."
"실수할 수도 있어."

"힘내라(아자, 파이팅)!"
"모든 것을 잘할 순 없잖아."
"웃으니까 예쁘다(멋있다)."
"결과보다 과정이 중요해."
"두고 봐. 넌 해낼 거야."
"너를 위해 기도할게."
"지금까지 너 잘했잖아."
"우리 다시 해보자."

〈믿음을 심어주는 말〉

"사랑해."
"네가 옆에 있으니까 든든하다."
"네 생각은 어떠니?"
"너와 같이 하면 할 수 있어."

"나도 생각하지 못한 건데."
"네가 자랑스러워."
"우린 한 식구잖아."
"바로 이게 너의 장점이구나."

"다치지 않았어?" "너니까 부탁하는 거야."
"너밖에 할 사람이 없어." "네가 빠지면 안 돼."
"많이 컸구나." "너만 믿는다."

〈고마움을 가르쳐주는 말〉

"고맙다." "감사합니다."
"고생 많았어." "네 도움이 컸어."
"뭘 해줄까?" "눈물이 난다."
"고마워. 잊지 않을게." "감동 그 자체야."
"네 덕분이야." "업어줄까?"
"맛있는 거 먹자." "네가 큰 도움이 됐어."
"보답을 어떻게 해야 할까?" "평생 잊지 않을게."
"힘이 돼줘서 고마워." "고마워. 우리 아들(딸)."

〈자립심을 심어주는 말〉

"혼자 할 수 있지?" "네 능력이면 충분해."
"네가 주인공이잖아." "지금까지 혼자 해왔잖아."
"네 모습을 봐. 당당하잖아." "혼자서도 잘하네."
"누구의 도움도 받지 않았구나." "혼자서도 척척 하는구나."
"와, 네가 혼자 했다니." "어른 다 됐네."
"엄마 아빠 도움 없이도 잘하는데?" "이젠 엄마가 너한테 배워야겠어."
"더 이상 도움이 필요 없겠구나. 잘했어."

〈자신감을 심어주는 말〉

"한번 부딪혀봐."
"넌 가능성이 많아."
"노력 많이 했구나."
"역시 넌 내 아들(딸)이야."
"해보니까 되지?"
"넌 할 수 있어."

"와, 멋지다. 잘했어!"
"오늘 좋아 보인다."
"성공한 모습을 생각해봐."
"봐, 해냈잖아."
"역시 네가 해낼 줄 알았어."
"한 번 더 하면 할 수 있겠다."

6장
엄마의 습관 코칭 '여섯'

공 부

독서,
우등생을 만드는 일등공신

모든 엄마가 아이에게 열심히 책을 읽으라고 한다.
하지만 "그렇게 좋은 독서를 엄마는 왜 안 해요?"라는
아이의 질문에 자신 있게 답할 수 있는 엄마는 드물다.

늘 책을 읽고 있는 아이들이 있다. 읽고 있는 책을 보면 수준도 높고 두께도 꽤 된다. 이렇게 책을 끼고 사는 아이들은 대부분 공부를 잘한다. 공부를 잘하기 위한 조건 중 하나는 바로 어휘, 문장, 내용 파악력 등인데 독서를 많이 하면 이런 능력들이 자연스럽게 형성될 수밖에 없다. 독서를 잘하는 아이들과 대화해보면 상당수의 아이가 집에서 엄마와 함께 책을 보거나, 최소한 아이가 독서할 수 있도록 엄마가 책을 읽어주거나, 책을 많이 사주거나,

책을 읽는 시간을 정해 가족이 참여하는 등 가정에 독서 환경이 조성돼 있는 편이다.

　엄마가 자주 책을 읽는데 아이가 독서와 담 쌓을 수는 없다. 엄마가 독서를 하면 아이도 엄마 곁에서 독서를 하게 된다. 엄마에게 배운 독서하는 습관은 평생 책을 가까이 하게 만든다. 아이가 흥미를 느끼는 책을 사주고, 책꽂이에 책을 많이 꽂아주고, 텔레비전이나 컴퓨터를 꺼서 자연스레 책을 읽을 수 있는 분위기를 만들어주면 아이에게는 책을 보는 일이 일상이 될 것이고 책과 아이는 친구가 될 것이다.

　반면 성적이 낮은 아이들의 상당수는 책을 읽으려 하지 않는다. 도서관에서 책을 고를 때도 줄글로 된 책보다는 만화로 된 책을 고른다. 그리고 순식간에 본 후 다시 서가로 가서 다른 만화책을 고른다. 억지로 줄글로 된 책을 골라오라고 하면 할 수 없이 가져오지만 몇 분 만에 다시 가서 다른 책으로 바꾼다. 이렇게 책 쇼핑을 하다 보면 어느새 독서 시간이 다 지나간다. 읽은 내용은 물론 거의 없다. 책과 친숙하지 않은 아이들은 상당수가 문장 이해력이 낮아 글의 내용을 파악하는 수준이 낮기 때문에 교과서 내용을 잘 이해하지 못해 학습 능력이 떨어진다.

　중학년까지는 독서를 하지 않고 문제집만 풀어도 성적을 높일 수 있다. 하지만 고학년이 되면 학습 내용이 어려워지고 분량이 많아져 어휘력, 문장 이해력, 글 파악 능력 없이 문제집만으로 성적을 높일 수 없다. 그래서 책을 읽지 않는 아이들은 고학년으로 갈수록 성적이 떨어지거나 현상 유지하기에 급급하다. 반면 중학년까지 성적이 보통이었더라도 독서를 많이 한 아이는 고학년이 되면서 성적이 크게 오르는 경우가 많다. 이 아이들은 어휘력, 문장 이해력, 글 파악 능력이 높기 때문에 고학년 공부에 쉽게 적응한다. 긴 글을 읽는 것이 습관화되어 있고 책상에 오래 앉아 있는 일이 생활화되어 있어 오랜 시간을 투자해야 하는 고학년 공부 방법을 이미 독서로 습득했기 때문이다.

엄마, 가족이 함께 하는 책 읽기

 엄마가 먼저 책을 읽으려면 엄마도 책에 흥미를 가져야 한다. 서점에 가서 관심 있는 책을 사거나 도서관에서 빌리는 수고를 감내할 필요가 있다. 책 읽는 엄마의 모습을 보이기 위해 관심도 없는 책을 억지로 읽는다면 얼마 가지 않아 엄마가 먼저 독서를 포기하게 될 것이니 주의하자. 가족 모두 책 읽는 시간을 정해두는 것도 좋다.

아이와 함께 서점이나 도서관 가기

 서점이나 도서관에는 아이들의 눈길을 끌 만한 책이 많고, 책을 읽을 수밖에 없는 분위기가 형성돼 있다. 일주일에 한 번 큰 서점이나 도서관에 가서 아이가 관심을 갖는 책을 같이 읽거나 사준다. 물론 처음에는 같이 책을 읽다가 나중에는 아이와 따로따로 책을 골라 조용히 읽는다면 아이는 책과 친숙해지는 기회를 갖게 될 것이다. 이때 만화로 된 책이 아닌 줄글로 된 책을 읽히는 것이 중요하다.

책을 읽고 퀴즈를 풀거나 토론하기

같은 책 두 권을 준비하거나 아이가 읽은 후 엄마가 다시 읽고 책에 대해 가벼운 질문을 하거나 토론을 하면 독서에 대한 관심도를 높일 수 있다. 질문에 대답을 잘하거나 토론을 열심히 하면 적당한 보상을 해주자. 대답을 하지 못하거나 토론에 미온적이라면 다시 책을 읽을 기회를 준다.

거실에 서가 만들기

거실에 큰 서가를 놓고 책을 채워두려면 텔레비전은 다른 곳으로 귀양을 보내야 한다. 아이가 책을 읽도록 유도한 후 읽은 책 제목 밑에 스티커를 붙이게 하자. 아이가 읽은 책이 무엇인지 한눈에 볼 수 있을 것이다. 중학년까지는 같은 책을 계속 읽으려고 하는 경향이 있는데 이를 막지 말고 자유롭게 여러 번 읽도록 하면서 스티커를 여러 개 붙이게 한다. 어른들이 재미있는 드라마를 재방송으로 다시 보듯이 아이들은 읽은 책을 또 읽으면서 또다시 재미를 느끼려 한다. 책을 다시 읽으면 또 다른 느낌, 또 다른 의미를 파악하고 새로운 관점을 키울 수도 있다.

스티커가 많이 붙을수록 아이는 성취감을 느낀다. 적절히 보상해주면 독서 속도는 더 빨라질 것이다. 스티커가 붙지 않은 책은 엄마와 함께 읽는 시간을 마련해 아이가 책을 편식하지 않도록 유도한다. 나중에 남겨진 책을 읽을 때는 스티커를 2개 이상 붙이는 방법도 있다. 단, 스티커를 받기 위해 눈속임할 수 있으므로 엄마가 검사를 한 후에 붙이도록 한다. 책 검사는 엄마가 내용을 물어보는 것이 아니라 아이 스스로 책의 내용을 말하도록 하고 그림이나 상황을 간단히 물어보는 식으로 하면 된다.

공부 잘하는 아이는 책상과 친하다

바닷가에서 자란 아이들은 수영을 잘하고,
산에서 자란 아이는 나무를 잘 탄다.
공부도 습관이다.
아이가 책상 앞에 앉는 습관을 들이는 것이 중요하다.

내가 근무하는 학교 도서실은 책상, 소파, 마루라는 세 가지 형태의 장소에서 책을 읽게 되어 있다. 아이들은 이 세 곳 중 한 곳을 선택해 책을 읽는데, 관찰해보면 역시 책상 앞에 앉아 책을 읽는 아이들의 집중력이 가장 높다. 소파나 마루에 앉아 책을 읽는 아이들은 자세가 불안정해 몸을 자주 뒤척이거나 옆 친구와 이야기를 많이 나눈다. 또 책을 다시 고르려고 자주 서가를 들락날락한다. 반면 의자에 앉아 책을 읽는 아이는 반듯한 자세로 책에 집중하고 고른 책을 쉽게 바꾸지 않는다. 성적 면에서도 공부를 잘하거나 최소한 뒤처지지는 않는다. "왜 소파나 마루에 앉아서 책을 읽지 않니?"라고 물어보면 "책상이 편해요"라고 대답하는데, 그만큼 습관화된 것이다.

나는 아이들에게 공부 습관을 가르칠 때 책상 앞에 앉는 훈련을 먼저 시킨다. 자세를 바로 해야 장시간 집중해 공부할 수 있다는 너무나 평범한 진리 때문이다. 아이와 약속을 하고 5분이나 10분쯤 책상에 바른 자세로 앉아 일정한 시간 동안 책을 읽도록 한다. 처음에는 몸을 뒤척이고 시계만 바라보던 아이도 이렇게 한 달 정도 지나면 책상 앞에 앉아 책에 집중하는 시간이 늘어난다. 또 책상 앞에 앉는 것이 습관화되기 시작하는데, 신기하게도 수업 태도까지 좋아질 뿐만 아니라 집중력이 커지고 아이의 행동도 좋은 방향으로 개선된다.

하루 20분 책상 앞에 앉게 하기

책상 앞에 앉기 싫어하는 아이를 똑바로 앉혀 공부시키는 일은 수영을 하지 못하는 아이를 바다에 빠뜨려 수영을 하라는 것과 마찬가지다. 아이는 책상 앞에 앉는 데 적응되지 않아 책상을 거부한다. 따라서 뭘 하든 간에 일단 앉아 있을 동기를 부여하는 게 중요하다. 만화책을 읽든, 간식을 먹든, 낙서를 하든 책상 앞에 20분간 앉아서 하도록 지도하면 책상과 친해질 토대가 마련될 것이다.

책상을 아이가 좋아하는 것으로 채우기

책, 장난감, 음식 등 아이가 좋아하는 것을 책상 위에 진열해놓고 그것들을 책상에서만 하게 해보자. 책상에서도 좋아하고 즐거운 일을 할 수 있다는 사실을 깨닫게 하는 것이다. 책상에서 좋아하는 책, 장난감, 맛있는 음식을 만난다면 책상 앞에 앉는 일이 즐거워질 것이다.

의자는 바퀴 없는 것으로 바꾸기

바퀴가 달려 회전되는 의자에 앉아 공부를 하면 자꾸 움직이게 된다. 이런 의자는 돌려서 다른 행동을 하기 쉽기 때문에 집중력이 떨어진다. 바퀴가 없는 의자를 골라 반듯하게 앉도록 훈련시키면 그만큼 아이는 집중력을 발휘해 공부할 수 있을 것이다.

집중력은
공부의 열쇠

100점과 99점의 차이는 1점이 아니다.
공부의 정상 바로 아래 계단은 실력으로 오르는 것이 아니라
집중력으로 오른다.

공부를 잘하는 아이들은 집중력이 높다. 수업 시간에 선생님의 말씀에 집중하고, 자습할 때는 책에 집중하며, 시험을 볼 때는 문제에 집중한다. 심지어 수업 시간에 선생님이 실수하거나 놓친 부분을 지적해주기도 한다. 공부를 잘하는 상위권 아이들 중 1등 하는 아이와 2등 하는 아이의 뚜렷한 차이점은 바로 실수를 더 했는가 덜 했는가의 차이이지 실력의 차이가 아니다. 1등 하는 아이들이 더 차분하고 집중력이 있어서 실수가 적다. 반면 2등 하는 아이

는 수학 문제를 풀거나 문제에 함정이 있을 경우 실수를 하거나 문제를 잘못 읽어 아쉽게 틀리는 경우가 많다.

집중력 있는 아이들은 공부할 때도 꼼꼼하게 하기 때문에 그냥 얼버무리거나 넘겨버리는 내용이 적다. 내용의 일부를 빼놓고 넘어가는 아이들과는 다른 모습이다. 빼먹은 내용이 바로 시험에 나오는 '머피의 법칙' 같은 상황이 꽤 일어나는데도 말이다. 아이의 집중력에 따라 과제를 수행하는 수준도 다르다. 집중력이 높은 아이는 빠른 속도로 과제를 완성도 있게 수행하는 반면, 산만한 아이는 과제 수행 내용도 떨어질 뿐만 아니라 다 끝내지 못하는 경우가 많다.

집중력이 없는 아이는 말을 정확하게 알아듣지 못한다. 잡념이 많고 집중이 습관화되어 있지 않기 때문이다. 글자가 많거나, 그림이 복잡하거나, 말이 길면 거부하고 회피하려고 한다. 그림을 보여주면 특징적인 것, 세세한 것, 부분적인 것을 찾아내지 못한다. 나무는 못 보고 숲만 보기 때문이다. 그림을 설명해보라고 하거나 까닭을 말하라고 하면 몇 마디 하고는 더 이상 말할 것이 없다고 한다. 이런 아이들에게 "서랍에다 양말을 갖다 놓고, 탁자에 있는 우유를 냉장고에 넣어놔라"와 같이 두 가지 이상 복합적인 심부름을 시키면 어려워하거나 당황하며 심부름을 마무리하지 못한다. 앞부분은 들었지만 뒷부분이 생각나지 않기 때문이다. 뒷부분에 신경 쓰다 보면 앞부분도 까먹는다. 그래서인지 수업 시간에는 내용을 상당 부분 놓치고 대충 넘겨버린다. 공부는 했지만 기억하는 내용이 적어서 공부의 효율성이 크게 떨어지고 이것은 곧바로 성적으로 이어진다.

아이의 집중 시간 체크하기

시계를 들고 아이에게 공부를 시켜보자. 아이가 흥미를 잃어버리거나, 딴 행동을 하거나, 조는 등 집중도가 떨어지는 때를 지켜보자. 이렇게 열 번 이상 날을 바꾸어 집중하는 시간을 재고 평균을 내보자. 그 시간이 바로 아이가 집중하는 시간이다. 아이의 집중 시간이 10분이라면 10분간 공부한 뒤 쉬는 시간을 10분 주고 다시 10분간 공부하게 하자. 이런 식으로 공부시키면 아이의 집중 시간은 점점 늘어나고, 공부의 효율성 또한 높아질 것이다.

집중력도 훈련이 필요하다

집중력은 인내력과 같은 말이다. 음식을 놓고 10분간 먹지 않고 기다리기, 눈 감고 5분 동안 앉아 있기, 수 거꾸로 세기, 그림에서 빠진 부분 찾기, 문장에서 틀린 말 찾기, 5분 안에 단어 많이 외우기, 구구단 거꾸로 외우기, 한 쪽 분량의 글 소리 내서 읽기, 한 곳을 응시하고 1분간 서 있기, 퍼즐 맞추기, 구불구불한 선 따라 긋기, 눈 가리고 물건 만지며 알아맞히기 등 아이가 집중력을 기를 수 있는 훈련을 시켜보자.

집중력 방해 요소 몰아내기

뇌 과학자들은 6살까지 부모와의 교류가 원활하지 못한 아이는 집중력이 떨어진다고 했다. 체력이 약하거나 민감한 경우, 너무 할 일이 많은 경우, 비염이나 우울증이 있는 경우, 몸 움직임이 많은 경우, 컴퓨터나 휴대폰, 텔레비전, 게임기, 대화 소리 등 집중을 방해하는 환경에 노출된 경우, 주의력 결핍 과잉행동 장애(ADHD)인 경우 집중력이 떨어진다. 특히 휴대폰은 거실에 놓는 장소를 마련하고 그곳에만 휴대폰을 놓고 엄마가 허락할 경우에만 휴대폰을 사용하도록 하자. 아이의 집중력은 집중력 방해 요소들을 찾아 제거할 때 커진다.

암기는 집중력을 높인다

아이들은 집중해야 하기 때문에 외우는 것을 싫어하는 경향이 있다. 일정한 시간 동안 무언가에 집중하지 않으면 암기를 할 수 없다. 일부러라도 단어, 글, 상식 등 아이에게 일정한 내용을 암기시켜보자. 잘 외우면 적극적으로 칭찬하고 보상해주면 아이는 더 집중해서 암기하게 될 것이다. 물론 암기는 책상에 바로 앉아서 하라고 일러주자.

성취감을 알면
공부에 빠진다

라면을 먹어보지 못한 아이에게는 아무리 설명해줘도
라면에 대한 흥미를 불러일으키기 힘들다.
하물며 고득점의 맛을 보지 않은 아이에게
우등생 이야기는 그저 그림의 떡이지 않을까?

아이가 환한 표정으로 시험지를 본다. "봐, 너도 할 수 있지?" 84점을 맞은 시험지를 든 아이에게 내가 건넨 말이다. 이 아이는 50점 이하의 점수를 맞던 아이였다. 하지만 이날은 놀랍게도 평생 처음 80점대의 점수를 받았다(물론 시험 문제를 쉽게 낸 것도 아이의 점수에 큰 영향을 미쳤다). 최선을 다해 공부해서 받은 점수는 아니지만 그래도 2주간 노력해서 받은 점수였다. 아이는 시험지에 쓰인 점수를 보고 또 보며 고개를 끄덕였다.

며칠 후 아이는 실망한 표정으로 시험지를 바라보았다. "이번에는 아쉽지만 지난번엔 잘했잖아." 이번 점수는 60점이다. 예전보다는 올랐지만 저번 84점에 비하면 24점이나 낮은 점수다. 아이는 일주일간 더 노력했지만 점수가 떨어졌다. 시험 문제가 저번보다 어려워졌기 때문이다. 아이는 얼른 시험지를 감추며 다시 고개를 끄덕였다.

이때가 중요하다. 아이가 좌절하기 전에 강한 자극, 다시 말해 성취감을 다시 심어주어야 한다. 아이에게 다시 공부를 시키고 대화를 통해 예전에 받은 점수를 상기시키며 학습 내용을 찬찬히 짚어주었다. 이렇게 노력하게 만든 뒤 적당히 쉽게 낸 문제로 다시 시험을 보았다. "봐, 너는 할 수 있어. 88점이나 나왔잖아." 아이는 몇 번이고 시험지를 훑어보며 기뻐했다. 아이는 '공부를 바로 이런 맛으로 하는구나'라고 생각했을 것이다. 이때부터 아이는 공부에 조금씩 관심을 갖기 시작했다. 다시 한 번 아이의 성취감을 끌어올리기 위해 비슷한 유형의 문제로 다시 시험을 보게 했다. 물론 아이는 평생 넘지 못할 것 같던 90점대를 맞았다. 너무 감격했다. "선생님, 공부가 쉬워요. 그리고 자신 있어요." "봐, 기쁘지? 하지만 점수가 다시 떨어져도 실망하지 마." "선생님, 괜찮아요. 또 노력하면 되죠." "그래 바로 그거야. 기분 좋지?" "네, 엄마가 피자 사준대요."

얼마 후 다시 난이도를 높여 시험을 보자 아이의 성적은 70점대로 내려갔다. 하지만 아이는 포기하지 않았다. 90점을 받았던 기분을 기억하기 때문에 다시 노력하는 것이다. 예전과 많이 달라진 모습이다.

이렇게 아이를 가르치다 보면 일정 수의 아이들은 공부에 성취감을 느끼게 되고 흥미를 갖게 된다. 물론 실력도 일취월장한다.

100점으로 자신감 선물하기

100점은 공부에 있어서 정상이다. 정상에 서본 경험이 있어야 정상의 기쁨을 안다. 문제를 쉽게 내서 아이가 100점을 맞게 하자. 공부를 전혀 하지 않으려는 3학년 아이에게 1학년 수준의 덧셈, 뺄셈 문제를 풀게 해서 100점을 맞게 해보자. 아이가 콧방귀를 뀌어도 적극 칭찬해준다. 장난처럼 보이겠지만, 아이는 분명 100점 받은 좋은 기억을 얻게 될 것이다. 그리고 아이에게 공부를 시킨 후 다시 쉬운 문제로 90점 이상의 점수를 맞게 함으로써 성취감을 갖게 한다. 아이가 공부에 대한 두려움을 깨치고 자신감을 가지면 난이도를 조금씩 올린다.

적절한 목표로 공부에 흥미 붙이기

공부와 관련된 어떤 것도 좋다. 아이의 능력에 맞는 것을 찾아 도전 과제로 준다. 사회책 다섯 쪽 읽기, 열 문제 풀기, 영어 단어 열 개 외워 쓰기 등등이 있다. 수준에 맞는 과제를 주면 아이도 흔

쾌히 응한다. 그리고 아이가 과제를 다 해내도록 격려하고, 다 해내면 그 내용을 묻는 시험 문제를 낸다. 아이는 쉽게 맞힐 것이고, 물론 그 과정에서 성취감을 느껴서 공부에 흥미를 갖게 될 것이다.

두꺼운 문제집을 쪼개서 부담감 줄여주기

공부를 하지 않는 아이들은 문제집의 두꺼운 두께에 겁을 낸다. 문제집을 단원별로 분리한 뒤 풀도록 해보자. 두께가 줄어들어 도전 의욕이 생기고, 다 풀면 한 권을 끝냈다는 성취감이 생긴다. 그런 다음 다시 두 번째 단원을 풀게 해보자. 문제집을 끝냈다는 성취감이 지속되면 아이는 이를 계기로 공부를 하게 된다.

가르치는 것도 공부가 된다

자기가 공부한 내용을 선생님이 가르치듯이 설명하도록 하면 아이 스스로 공부한 내용에 대한 자부심을 갖게 되고, 배운 내용에 대한 복습이 동시에 이루어진다. 공부한 내용을 엄마에게 설명하게 한 뒤 엄마가 격려해주면 좋다. 작은 화이트보드를 벽에 걸어놓고 선생님처럼 쓰면서 설명하게 하는 것도 좋은 방법이다.

정리정돈은
공부의 또 다른 얼굴

구불구불한 길로 가면 위험도 크고, 신경도 많이 쓰이고,
시간도 많이 걸리며, 자칫 길을 잃을 수도 있다.
반듯한 길은 쉽고 빠르게 목적지에 닿을 수 있다.
정리정돈은 공부로 향하는 반듯한 길이다.

수업 시간이 막 끝나고 쉬는 시간이 시작됐을 때 아이들을 바라보면 상당수가 전 시간에 배운 교과서와 필통, 공책 등을 책상에 그대로 두고 자리에서 일어난다. 어떤 아이들은 책상 위가 늘 잡동사니로 혼잡하다. 공책 안도 매우 산만하고 만화나 낙서가 그려져 있기 일쑤다. 물론 의자 위에 있어야 할 겉옷은 책상 밑에 떨어져 뒹굴고, 지우개나 자도 책상 밑에 떨어져 있으며, 바닥에는 찢기고 구겨진 종이까지 나뒹군다. 이런 모습이 중학년 이상까지

이어지는 아이들은 대부분 성적 역시 점점 내리막길을 걷는다.

정리정돈은 아이의 학습과 깊은 상관관계가 있다. 중학년까지 정리정돈이 제대로 되지 않는 아이들은 고학년으로 올라가서 상당수 성적이 떨어지는 경우가 많다. 이유는 간단하다. 정리정돈 습관이 배면 자연스럽게 두뇌의 정리정돈으로 연결돼 공부한 내용이 단정하게 저장되고 나중에 쉽게 기억해낼 수 있다. 또 정리정돈을 통해 공부를 효율적으로 하고 오류를 줄일 수 있으며, 그 습관으로 공부도 꼼꼼히 하기 때문에 놓치는 것이 적다.

중학년까지는 공부할 양이 적으므로 공부한 내용이 뒤죽박죽 되어도 머릿속에서 쉽게 찾을 수 있지만, 고학년 때는 공부의 양이 이전과는 비교가 안 될 정도로 많아지기 때문에 그 내용이 머릿속에 정리되어 있지 않으면 찾아서 적용하는 데 어려움을 겪는다. 마치 10개의 물건이 어지럽혀진 방에서는 쉽게 물건을 찾을 수 있지만, 1000개의 물건이 어지럽혀진 방에서는 물건을 제대로 찾을 수 없는 것과 마찬가지다.

정리정돈이 중요한 또 다른 이유는 정리정돈을 잘하는 아이는 공부의 우선순위를 정해 공부를 계획적으로 하며, 공부한 내용 중 중요한 것과 중요하지 않은 것을 구별해내는 능력이 발달한다는 데 있다. 주변이 정리되어 마음이 차분해지므로 공부에 대한 집중력이 높아진다. 그래서 성적이 좋은 아이들의 주변은 항상 잘 정리되어 있는 편이다.

필기도 정리정돈이 필요하다

　숙제 영역은 박스로 구분하거나, 수학 풀이 과정은 공책을 반으로 접어 한쪽을 먼저 쓰고, 다른 쪽을 나중에 쓰게 하는 등 공책의 구역을 나누어 쓰는 법을 가르쳐주자. 내용을 띄엄띄엄 쓰지 말고 연결해서 쓰도록 하며, 글씨를 바르게 쓰게 하자. 요점은 색깔 펜으로 밑줄을 긋고, 공책에는 절대 낙서하지 않도록 한다. 친구들의 공책 중 정리정돈이 잘된 것을 복사해 참고하는 것도 좋은 방법이다.

서랍, 가방 정리하기는 공부 준비의 기본!

　책상 앞에 앉는 것을 가르치는 경우를 제외하고 아이의 책상에서 만화책, 장난감, 오락기 등을 치우자. 서랍에는 작은 상자를 몇 개 넣어 상자마다 종류별로 물건을 정돈하고, 책꽂이 칸 사이에 교과서, 참고서, 동화책 등 이름표를 써 붙여 종류별로 정리하도록 가르친다. 연필꽂이는 칸이 서너 개로 분리된 것을 준비해 연필, 가위, 볼펜, 자 등을 나눠 넣으라고 일러주자. 책상 옆에는 쓰레기통을 놓고 필요 없는 것은 즉시 버리도록 해야 혼란을 막을 수 있다. 책가방 역시 일주일에 두 번 정도 정리하도록 지도한다.

정리정돈 습관, 청소로 가르치자

　정리정돈의 첩경은 아이에게 청소를 시키는 것이다. 집에서 아이가 청소해야 하는 구역을 정해준다. 어느 한 곳을 정해서 전적으로 아이가 맡아 청소하도록 지도하면 그 장소가 어지럽혀지지 않도록 하려고 노력할 것이다. 특히 주말에 아이와 같이 대청소를 하면서 책상, 책꽂이, 선반, 서랍, 장롱 등을 정리하며 정리정돈을 습관화시킨다.

동기는
공부의 출발점

성적이 중간이던 아이가 갑자기 성적이 오르는 경우가 있다.
공부에 대한 어떤 동기가 작용했기 때문이다.
현명한 엄마는 공부를 시키지 않고 스스로 하게 한다.

엄마가 아이에게 공부를 시키는 방법은 다양하다. 가장 많이 쓰는 방법은 아이를 학원에 보내는 것인데, 학원을 보내면 최소한 초등학교 중학년까지는 80점 이상을 받아오는 경우가 많다. 하지만 고학년부터는 학원의 영향력에도 양극화 현상이 나타난다. 학원에 다니는 아이들 중 공부에 흥미를 갖고 노력하는 아이는 최상의 우등생이 된다. 공부에 흥미는 없지만 그래도 노력하는 아이는 우등생 정도가 된다. 반면 흥미도 없고 노력도 안 하는 아이는 성적이 들쭉날쭉하다가 결국 하강 곡선을 그리기 시작한다. 문제는 하강 곡선을 그리는 아이가 너무 많다는 것이다.

다음으로 아이를 '세게' 공부시키는 방법이 있다. 2학년인데도 밤 12시까지 공부를 시킨다. 어떤 부모는 공부를 하지 않으면 화를 내며 교과서를 찢어 변기에 던지기도 한다. 공부를 하지 않는 아이 때문에 열을 받아 30분이 넘게 잔소리를 하며 화를 삭인다. 시험 성적이 이게 뭐냐며 매를 들고 비난을 한다. 아이가 조금만 쉬려고 해도 사정없이 책상으로 몰아간다. 어쨌거나 이런 방법으로 아이를 공부시키면 중학년까지는 그럭저럭 성적을 유지한다. 하지만 아뿔싸, 고학년이 되면 문제가 터진다. 머리와 몸이 커진 아이가 예전과 달리 엄마에게 대항하고 대화를 거부한다. 또한 그동안 쌓인 스트레스로 공부는 젖혀두고 친구들과 어울려 다니거나, 엄마 몰래 PC방을 드나들거나, 심지어 가출까지 한다. 물론 말이 없어지거나, 충동적이 되거나, 감정의 기복이 심해지거나, 극도로 부산스러워지거나, 우울증 같은 정신적인 병리 현상이 일어나기도 한다.

또 다른 방법은 아이와 같이 공부하는 것이다. 정해진 규칙대로 하다 보니 엄마가 힘들지만, 그래도 아이의 학습 과정을 훤히 들여다보고 일일이 설명해줘서 1대1 맞춤 교육이 될 수 있어 참 좋은 방법이다. 이 방법은 저학년까지는 그래도 효과적이다. 하지만 부모와 떨어지려는 본능이 표출되는 중학년 이후의 아이는 엄마가 부담스럽고 감시당하는 것 같아 짜증을 낸다. 가르치면서 이해하지 못하는 아이에게 화가 난 엄마는 "이 바보야, 이런 것도 못 풀어? 어제 배웠잖아" 하고 아이를 야단치며 짜증을 내는데, 당연히 아이의 감정도 상하게 마련이다. 고학년으로 가면 서로 다투기까지 한다. 엄마와 아이의 관계가 멀어지기 시작하는 것이다.

현명한 엄마는 아이에게 공부 동기를 주고 기다린다. 동기라는 감정의 열쇠는 몸에 시동을 걸어 일을 추진하게 만든다. 자동차를 억지로 밀어서 움직이게 하는 것에는 한계가 있다. 하지만 열쇠로 시동을 걸고 가속기를 살짝 밟는다면 자동차는 스스로 달린다. 마찬가지로 아이에게 동기 부여를 해주고 보상, 칭찬 등으로 격려해주면 아이는 스스로 공부에 매진한다. 이래야 엄마도 살고 아이도 살 수 있으며, 서로 행복해질 수 있다.

학습량 30퍼센트 줄이기

능력에 벅차게 공부 양이 많거나 수준보다 높은 학습 내용을 소화하라고 하면 당연히 아이는 심리적으로 지쳐버려 학습 동기가 떨어지고 공부 자체를 혐오하게 된다. 따라서 알맞은 학습량에서 30퍼센트를 줄이고, 수준에 맞다고 생각되는 데서 30퍼센트를 줄이고, 적당하다고 생각되는 공부 시간에서 30퍼센트를 줄이자. 물론 학원도 마찬가지다. 아이가 과도한 학원 수업량에 시달리고 있다면 감당할 만큼 학원을 줄여주는 엄마의 배려가 필요하다.

라이벌은 최고의 동력

스포츠, 기업, 학문 등등 다양한 분야를 살펴보면 라이벌이 있으면 더 큰 발전을 이뤄낸다는 사실을 쉽게 볼 수 있다. 이병철과 정주영, 이이와 이황, 고흐와 고갱, 베토벤과 모차르트, 김연아와 아사다 마오, 빌 게이츠와 스티브 잡스 등은 라이벌 관계로 서로를 채찍질해 성공한 인물들이다. 누구나 라이벌에게 뒤지지 않기 위해 필사의 노력을 한다. '지지 않겠다'는 생각이 강한 내적 동기를 심어주는 것이다. 아이에게도 넘어서야 할 친구나 다른 인물을 라이벌로 삼고 그 각오를 글로 남겨 마음에 새기도록 하자.

목표는 작게, 칭찬은 끊임없이

학습 목표는 쉽게 달성할 수 있을 정도로 작게 잡고 성공하면 크게 칭찬해주자. 몇 번 반복되면 아이는 공부에 관심을 갖게 되고 칭찬의 에너지가 동기를 유발하는 효과를 낼 수 있다. 너무 욕심을 내는 것은 금물이다. 아이와 충분히 대화하고, 소화할 수 있을 만큼만 하도록 정해줘야 한다.

엄마의 칭찬은 아이의 감정을 자극한다

아이의 성적을 기뻐하는 내용의 일기를 써서 안방에 놓고 아이가 보고 읽게 하거나, 이웃 아주머니에게 "너, 성적 올라갔다며?"라는 말을 아이 앞에서 해달라고 부탁해서 엄마가 그 말을 듣고 아이 앞에서 크게 기뻐하는 모습을 보여주자. 성적이 올랐을 때 눈물을 보이거나 아이가 공부를 할 때 꼭 껴안아주고 "고맙다. 사랑한다. ○○야"라고 속삭이는 등 아이의 감정을 자극하는 방법도 좋다.

아이를 유혹하는 것 감시하기

공부를 방해하는 인터넷이나 게임, 텔레비전,
휴대폰은 계속 진화하고 있다.
하지만 공부 방법은 거의 제자리걸음이라
이런 방해 요소들을 제대로 방어해낼 수 없어 문제다.

한 연구에 의하면, 식량이 부족하던 원시시대에 생명을 유지하기 위해 포도당이 많이 들어 있는 단 음식을 빨리 감지해 몸속에 받아들이게 하기 위해서 인간은 혀의 맨 앞부분이 단맛을 느끼도록 진화했다고 한다. 이러한 본능 때문에 사람들은 단맛을 매우 좋아한다. 아이들 역시 사탕, 초콜릿, 과자 같은 단 음식을 매우 좋아한다. 그러나 이러한 본능에 충실하다 보면 비만, 충치, 성인병 같은 부작용을 겪어야 한다. 본능은 때론 삶을 유지하는 좋은 면보다 삶을 파괴하는 면에서 더 큰 역할을 한다.

휴대폰, 텔레비전, 인터넷, 게임, 비디오, 만화 같은 것은 중독성이 매우 강하다. 이런 것들의 특징은 재미를 추구하는 인간들의 본능을 자극하기 때문에 쉽게 빠져들지만 빠져나오기는 어렵다는 것이다. 문제는 이런 것들이 아이들의 감성을 폭력적, 선정적, 충동적으로 바꿔놓을 뿐만 아니라 산만함을 극대화해 인내와 집중이 필요한 공부를 멀리하게 한다는 데 있다.

교실에서 아이들을 보면 대체적으로 이러한 매체에 많이 노출된 것을 발견할 수 있다. 그리고 이러한 것들에 대한 중독의 위험성을 크게 인식하지 못하는 엄마의 아이들이 더 가까이 접근해 있음을 알 수 있다. 엄마가 이런 매체의 선호도가 높으면 아이도 모방을 한다. 엄마처럼 휴대폰 화면을 들여다보고, 엄마처럼 텔레비전이 켜져 있어야 마음이 안정되며, 엄마처럼 컴퓨터를 해야만 휴식을 한다는 착각이 습관화돼 일상이 된다. 공부는 물 건너간 것이나 다름없다.

휴대폰은 중간 수준으로

휴대폰에는 인터넷, 게임, 메시지, 채팅 등 아이의 구미를 강하게 당기는 놀이 도구가 많다. 중학년까지는 통화, 메시지 기능 정도만 있는 휴대폰을 사주자. 인터넷 기능이 되어서는 안 된다. 고학년의 경우 어쩔 수 없이 아이에게 이런 휴대폰을 사주었다면 한 달에 일정 시간만 할 수 있도록 청소년 이용 프로그램을 지정해둔다. 특히 집에서는 휴대폰을 거실의 일정한 장소에 놓도록 하고 엄마가 허락할 때만 사용해 늘 휴대폰이 손에 들려 있지 않도록 지도한다.

컴퓨터는 엄마와 함께

컴퓨터는 반드시 거실에 놓고 아이와 같이 사용한다. 단, 인터넷 검색은 별도로 시간을 더 줄 수 있다. 문제는 컴퓨터 게임인데, 건전한 게임을 골라 일주일에 한두 시간 정도 하도록 하자. 정해진 시간이 되면 컴퓨터를 끄는 훈련을 해야 하는데 아이의 "조금만 더 할래"라는 말에 동정심을 발휘해서는 안 된다. 특히 컴퓨터로 학습하는 경우 잘 관찰해 그 시간에 공부를 하는지 다른 프로그램에 들어가 있는지 확인해야 한다. 물론 컴퓨터 유해 차단 서비스를 신청하고 안전 지킴이 프로그램을 설치하는 것은 필수다.

텔레비전 시청 시간 정하기

텔레비전은 컴퓨터만큼 중독성이 강하지는 않지만 늘 켜져 있는 가정이 많다. 이로 인해 아이들이 텔레비전을 쉽게 자주 시청하게 된다. 가족 모두 시청 시간을 정해 그때만 시청하자. 공휴일에는 등산, 독서, 도서관 가기, 운동, 기타 가족 행사 등으로 아이가 텔레비전 앞에 앉아 있는 시간을 철저하게 줄여나간다. 또 텔레비전 외에 아이가 흥미 있어 하는 놀이를 만들어주고 독서, 신문, 어린이 잡지 구독과 같이 건전한 대체 프로그램을 마련해준다. 특히 식사는 텔레비전 앞에서 해서는 안 된다.

친구들과의 모임 시간 살피기

중학년 이상 되면 친구들과 모여 축구를 하거나, 생일파티에 가거나, 친구네 집에서 놀다 온다. 고학년이 되면 친구들과 경기장, 쇼핑센터, 공연장, 놀이공원을 찾아간다. 자연스러운 성장 과정이다. 하지만 이러한 상황이 자주 발생하면 공부와 담을 쌓게 마련이다. 따라서 친구와의 모임을 적절하게 조절하고, 귀가 시간을 체크하며, 어떤 모임에 참여하고 있는지 확인하자.

자기주도학습, 혼자 공부하는 시간의 중요성

'자기주도학습', '스스로 학습'이란 혼자 공부하는 것을 말한다.
요즘 이런 학습법이 강조되는 까닭은
혼자 공부할 줄 아는 아이들이 적기 때문이다.

"다음 시간은 사회 시험이니까 지금 시험 공부를 해라"라고 말한 후 아이들의 모습을 지켜보면 '참 다양하다'란 말이 저절로 나온다. 친구와 떠드는 아이, 카드를 만지작거리는 아이, 만화를 그리는 아이 등등 공부의 중요성을 느끼지 못하는 때라 공부보다는 흥미를 가진 일에 몰두한다. 하지만 그래도 일부 아이는 공부를 하는 모습을 보이는데 두 가지 형태로 나타난다. 친구와 서로 퀴즈를 내고 답하거나 혼자서 묵묵히 사회책을 들여다본다. 두 그룹은 시간이 지날수록 공부하는 자세가 확연히 달라진다. 퀴즈 식으로 공부하는 아이들은 어느새 잡담이나 장난을 하며 떠들지만 혼자 공부하는 아이들은 흐트러짐 없이 꾸준하다. 후자의 아이들에게 "집에서도 혼자 공부하니?"라고 물어보면 "네, 저 혼자 공부해요"란 답이 돌아온다. 이 아이들의 성적은 예상대로 좋은 결과를 나타낸다.

누군가의 도움을 받지 않고 혼자 힘으로 공부하는 아이들이 있다. 물론 모든 공부를 혼자 하는 것은 아니지만 자신이 하는 공부 중 일부분을 스스로의 힘으로 하는 아이들도 포함된다. 혼자 공부하는 아이들은 통제하지 않아도 집중력 있게 공부한다. 공부는 외로운 것이다. 외로움을 이기고 공부해야만 깊이 있고 끈기 있게 할 수 있다. 누군가와 같이 공부를 했던 아이들은 혼자서 공부하는 것을 어색해한다. 그래서 이것이 습관화되지 않아 집에서도 학교에서도 혼자 공부하려 하지 않는다. 고학년부터는 혼자 집중해서 공부해야만 좋은 성적을 얻게 된다. 만약 그렇지 않다면 성적은 점점 떨어진다.

아이와 공부 계획표 만들기

일부 과목 또는 문제집은 아이가 스스로 계획을 세워 공부하도록 한다. 이것만큼은 절대로 누구도 관여하지 않는다. 그리고 아이 스스로 문제를 풀게 한다. 스스로 계획을 세우면 혼자서 공부를 하겠다는 의지와 자신이 해야 한다는 책임감이 생긴다. 일정한 시간이 흐른 뒤 스스로 공부한 내용에 대해 대화의 시간을 마련해 부족한 점을 되짚어주는 시간을 갖는다.

아이가 정하는 공부 시간

저녁이나 아침에 아이가 스스로 공부를 하는 시간을 정해놓고 그 시간만큼은 스스로 공부를 하도록 한다. 이때만큼은 혼자 집중해서 공부할 수 있도록 텔레비전같이 주의를 산만하게 하는 것들은 모두 단절시킨다.

공부 달력 활용하기

아이 전용 달력을 마련한다. 그리고 가족 모두 볼 수 있는 거실에 달아놓고 아이가 스스로 공부한 내용을 적도록 한다. 날마다 실천 여부와 실천 양을 표시하면 달력을 통해 스스로 공부하는 자신의 모습을 확인하게 된다. 이때 달력 밑에 엄마가 "오늘은 세 쪽이나 했구나. 조금 많은 것 같은데 혼자서 다 하다니 수고했다. 내일은 조금만 더 해보자" 같은 식으로 아이의 학습량을 조절하거나 격려하는 문구를 써주면 아이의 학습 동기는 높아진다.

내 아이는
성취형인가, 동기형인가

학습은 머리와 마음이 조화를 이루어야 한다.
서로 조화를 이루지 못하면
"머리는 좋은데"란 말을 듣거나 "노력에 비해서"란 말을 듣게 된다.

'우리 아이가 똑똑하게 태어나 열심히 공부를 한다면 얼마나 좋을까?' 부모라면 누구나 갖는 바람이다. 이러한 아이를 얻는 것은 천복을 받는 것이나 다름없다. 많은 부모가 왜 자신에게는 그러한 복이 내리지 않았을까 하고 생각한다. 하지만 천복은 아이를 바르게 이끌어 공부를 잘하도록 만드는 부모의 역량에 달려 있다. '지적 능력(두뇌 능력)'과 '노력 정도'에 따라 아이의 학습 성향은 다음의 네 가지 유형으로 나눌 수 있다.

지적 능력	높음	순발형	성취형
	낮음	동기형	성실형
		낮음	높음
		노력 정도	

성취형 아이들은 지적 능력이 높을 뿐만 아니라 스스로 열심히 노력하기 때문에 학습 수준이 높다. 엄마가 일일이 간섭하지 않아도 스스로 계획과 목표를 세워 공부를 한다. 공부가 전부란 생각으로 앞만 보고 달린다. 엄마의 손길이 적게 필요하다.

순발형 아이들은 지적 능력은 높으나 노력하지 않는다. 성적은 낮지 않으나 시기별, 과목별로 성적이 들쭉날쭉하며 고학년으로 갈수록 성적이 점점 하락한다. 조금 노력하면 성적이 향상되기 때문에 '마음만 먹으면 할 수 있어'란 착각에 빠지기 쉽다. 엄마의 손길이 필요하다.

성실형 아이들은 지적 능력은 낮으나 열심히 노력하기 때문에 어느 정도의 학습 성취 수준, 즉 중위권 이상의 학습 수준을 보이는 경향이 있다. 더디지만 조금씩 성적이 향상된다. 하지만 이 아이들은 자칫 '해도 안 된다'는 좌절감에 빠질 수 있다. 엄마의 손길이 필요하다.

동기형 아이들은 지적 능력이 낮을 뿐만 아니라 노력도 하지 않기 때문에 학습 성취 수준이 낮다. 공부는 어떤 동기가 있을 때 조금 하는 시늉만 낸다. 부모님이 강하게 공부하라고 꾸짖거나 시험을 보기 하루 전 같은 때에 잠시 책상 앞에 앉아 있는 것이 전부다. 엄마의 손길이 많이 필요하다.

다행인 것은 이러한 네 가지 성향이 고정된 게 아니라는 사실이다. 아이들의 두뇌는 열려 있고 지적 능력은 계속해서 개발된다. 현재의 지적 능력이 미래의 지적 능력은 아니다. 어느 순간 어떤 동기나 부모의 자연스러운 리더십에 의해 학습에 대한 노력의 열정이 피어날 수 있다. 물론 반대의 현상도 일어난다.

동기형 아이가 성취형 아이로 바뀔 수 있고, 성취형 아이가 끝까지 성취형 아이로 자라주는 것도 아니다. 현재의 성향에 따라 변화를 주거나 아이의 상태를 보살피는 일이 필요하다. 건강한 아이는 운동을 시키고 아픈 아이는 쉬면서 약을 먹이는 것처럼 말이다.

성취형 아이, 마음 살펴주기

성취형 아이에게 너무 큰 심적 압박감을 줄 경우, 예를 들어 올백이나 1등을 고수하라고 하거나, 친구와 비교하기도 하고, 무안을 주거나 비난을 할 경우에 심적 부담으로 인해 공부를 거부하기도 하고, 커닝을 하거나 건강에 이상이 생길 수 있다. 따라서 성취형 아이는 심적 부담을 줄이고, 1등을 하거나 100점을 맞아야 된다는 강박관념을 덜어주는 것이 효과적이다. 그리고 건강을 챙기고 운동을 하도록 이끌어야 한다. 마음의 피로를 풀 수 있는 공연 관람, 여행, 등산 같은 방법으로 학습 피로를 풀어주는 것도 좋다.

순발형 아이, 꾸준함 가르쳐주기

순발형 아이는 지적 능력이 있기 때문에 노력만 하면 된다. 대개 공부보다는 다른 분야에 관심을 갖기 때문에 성취형 아이들과 학습 격차가 벌어지게 마련이다. 특히 정리정돈이 안 되거나, 산만하거나, 집중력이 떨어지거나, 공부 방법이 잘못된 경우가 많다. 이런 점을 잘 파악해 아이를 바르게 이끌어야 한다.

대화를 통해 아이가 꾸준하게 학습하도록 계획을 세워 공부하도록 지도하고 적절하게 보상해줌으로써 공부에 관심을 갖도록 유도한다. 특히 이 아이들은 자신이 잘하는 과목은 열심히 하고 못하는 과목은 대충 하려는 경향을 보인다. 따라서 부족한 과목에 관심을 갖도록 유도해 과목 간의 균형을 맞춰준다.

또한 성적, 산만, 정리, 언어, 실수 등등으로 인해 잔소리를 많이 들어 엄마와의 거리감이 있는 경우가 대부분이기 때문에 엄마와의 거리감을 줄여야 한다. 아이를 격려하고 믿고 기다리다 보면 거리감이 줄어든다. 나이가 들수록 아이들은 대개 차분해진다. 그때까지 참고 아이를 잘 보살펴주자.

성실형 아이, 함께 공부법 고민하기

성실형 아이는 지적 능력이 빨리 개선되지 않는다. 공부 방법에도 오류가 많다. 공부를 열심히 하지만 성적은 제자리걸음으로,

크게 오르지도 않고 크게 떨어지지도 않는다.

먼저 아이에게 미래가 있음을 알려주고 인생에 있어서 노력은 매우 중요한 가치임을 알려주자. 공부를 못하더라도 끊임없이 노력만 하면 어느 분야에서든 성공할 수 있음을 말해주자. 또한 지적 능력은 노력하면 충분히 좋아질 수 있다는 것을 알려주고 격려하고 칭찬하자.

이와 더불어 아이의 공부 방법을 살펴보라. 아침형 학습 스타일인지 아니면 저녁형 학습 스타일인지, 교과서를 읽지 않고 문제집만 풀고 있는지, 개념을 확실하게 이해하고 있는지, 문제를 푸는 방법이 바른지, 전적으로 학원에서만 시간을 보내는 것은 아닌지, 효율적으로 시간 배분을 해 계획을 짜고 공부를 하는지, 시간 활용은 어떻게 하는지, 좋아하는 과목만 공부를 하는지, 독서를 얼마만큼 하는지, 학교 수업은 잘 이해하는지, 공책 정리는 잘하는지 등등을 관찰해 아이에게 관련된 책, 전문가와의 상담 등을 통해 효율적인 학습 방법을 찾도록 다양한 접근을 시도해보자.

특히 '노력해도 안 된다'는 좌절감을 경계해야 한다. 현재는 미운 오리 새끼이지만 미래에는 백조가 될 수 있다는 자신감을 심어주는 것이 매우 중요하다. 공부를 포기하면 모든 것이 끝난다. 꾸준히 공부할 수 있는 동력을 적절하게 제공해 아이가 공부의 끈을 놓지 않도록 해야 한다.

🏃 동기형 아이, 학습 동기 유발하기

동기형 아이는 공부가 싫을 뿐만 아니라 노력도 하지 않는다. 학습 수준도 낮기 때문에 따라가는 능력도 많이 뒤처진다. 물론 많은 비난과 좌절을 겪는다. 네 가지 유형의 아이 중 가장 마음의 상처가 커서 자신에게는 탈출구가 없다고 생각한다. 좌절감을 이기기 위해 말썽을 피우거나, 문제를 일으키거나, 인터넷에 빠지거나, 폭력을 쓰는 등 악순환이 계속되기도 한다.

무엇보다 먼저 아이의 구겨진 마음을 펴주자. 잔소리를 줄이고, 아이를 칭찬하고 격려하며, 공부 외의 다른 장점을 찾아내 발전시키고, 아이의 마음을 기쁘게 하는 프로그램을 마련한다. 아이에게 학습으로 인한 부담을 무리하게 주지 말고, 아이가 공부에 대한 동기를 갖도록 아주 작은 목표를 정해 이루도록 한다. "사회 책 세 쪽 읽으면 새우튀김 해줄게", "이번 시험에서 성적 오르면 네가 보고 싶은 책 사줄게", "와, 우리 아들 공부하네! 무엇을 해줄까?" 등등 아이에게 공부하려는 동기를 심어주는 것이 무엇보다 중요하다.

이렇게 동기를 심어주는 활동을 지속적으로 하면 아이는 공부에 관심을 기울이게 된다. 관심을 기울이면 학습 성취 목표를 아주 낮게 잡아 자신감을 키워나간다. 그리고 늘 "너는 할 수 있어"라며 격려하고 힘을 북돋워준다. 물론 욕심은 금물이다.

7장
엄마의 습관 코칭 '일곱'

경제관념

통장으로 가르치는 목돈의 기쁨

푼돈이 점점 불어나 목돈이 되는 것을 체험한 아이들은 통장의 힘을 알게 된다. 스스로 통장을 관리해본 아이들은 어른이 되어서도 늘 통장을 가까이 한다.

상당수 아이가 자신의 통장을 가지고 있다. 몇십만 원은 기본이고 몇백 만원, 심지어 천만 원 이상의 잔액을 자랑하는 아이도 있다. 이 통장 안의 돈은 아이의 용돈, 명절 때 받은 돈, 돌 반지를 팔아 저금한 돈, 엄마가 아이의 미래를 위해 조금씩 모은 것이다. 어떻게 돈을 모았든 간에 아이는 자신의 이름으로 된 통장에 뿌듯하다는 반응을 보인다. 푼돈이 목돈으로 변하는 것을 보며 저축의 힘을 느끼고 통장의 중요성을 알게 된다.

엄마가 전적으로 통장을 관리하고 단지 통장에 저축만 하는 아이와 달리, 스스로 통장을 관리하고(단, 통장의 액수가 클 경우 엄마가 보관한다) 용돈과 필요한 돈을 통장에서 찾아 쓰는 아이들은(돈을 찾을 때는 엄마와 함께 간다) 그렇지 않은 아이들보다 훨씬 절약을 잘할 뿐만 아니라 합리적이고 계획적으로 돈을 쓴다. 저축의 힘을 체험한 아이는 어른이 되어서도 무리하게 투자해 돈을 잃거나, 푼돈을 가볍게 여겨 돈을 함부로 사용하는 비경제적 활동을 경계한다.

한 달에 한 번 아이 손 잡고 은행에 가기

용돈을 저금통에 모은 뒤 한 달에 한 번 은행을 찾아 저축하게 하자. 돈을 저금통에 모으는 것보다 은행에 저축해 그 액수를 정확하게 알 수 있는 통장이 저축의 힘을 알려주는 데 더 효과적이다. 아이가 만 삼천 원을 모았을 경우 엄마가 칠천 원을 보태거나 아이가 모은 돈만큼을 엄마가 더 보태 통장에 저금하게 한다면 훨씬 더 큰 동기를 가지고 저축을 할 것이다.

용돈은 통장에 넣어주기

용돈을 직접 주지 말고 아이의 통장에 입금하고 필요한 돈을 은행에 가서 찾도록 하면 아이는 필요한 만큼만 인출하므로 자동적으로 나머지 용돈은 저축하게 된다. 뿐만 아니라 은행에 가야 하는 번거로움 때문에 돈을 쉽게 찾지 못하게 되므로 자연스럽게 절약하는 습관이 몸에 밸 것이다.

아이와 함께 저축액 정하기

돈을 무턱대고 모으는 것은 경계해야 한다. 목표를 정해 돈을 모으면 그만큼 동기가 커진다. 모은 돈의 일부를 사회를 위해 쓰도록 가르치면 돈으로 인해 불행해지지 않는다. 일정한 액수를 정해 돈을 모으게 한 후 그중 10퍼센트 정도는 어려운 이웃이나 가족을 위해 쓰게 한 후 다시 새 통장을 만들어 저축하도록 하면 돈에 대한 의식이 바르게 형성된다.

행복한 부자가
되게 하자

집이 부자인데도 겸손하게 베푸는 아이가 있다.
반면 집이 부자라고 자랑하는 아이도 있다.
집이 부자라는 사실을 이용해 친구들을 부리려는 아이도 있다.
어떤 아이가 더 행복한 삶을 살고 있을까?

돈을 벌어 부자가 되려는 것은 행복한 삶을 살고 싶기 때문이다. 그런데 많이 벌었어도 행복하지 못한 사람이 있다. 부자이지만 가정이 화목하지 않거나, 사람들에게 손가락질을 받거나, 부정한 방법으로 양심을 속이고 돈을 벌거나, 돈의 노예가 된 사람들이 그 예다.

아이들에게 소원을 적어보라고 하면 상당수의 아이가 "돈을 많이 벌고 싶다"고 적는다. "왜 돈을 많이 벌고 싶니?"라고 물어보면 "돈이 좋아요", "돈이면 뭐든 할 수 있잖아요", "돈이 많으면 행복하잖아요"라고 대답한다. 이 아이들 중 "돈을 벌어 어려운 사람을 돕겠어요" 하고 공동체적인 삶을 말하는 아이들은 극히 드물다. 배금주의가 아이들에게 널리 퍼져 있으며 돈이 행복을 가져다준다는 착각이 만연해 있는 듯하여 우려된다.

교실에는 경제적 우열이 존재한다. 그런데 집이 부자인 아이들 중 친구에게 돈 10원도 쓰지 않는 인색한 아이들이 있는가 하면, 자기 집이 부자라고 친구를 무시하고 돈을 이용해 친구들을 부하처럼 부리는 아이들이 있다. 반면 집이 부자인데도 겸손하고 적절하게 친구들을 위해 돈을 쓰는 아이들이 있다. 전자의 아이들보다는 후자의 아이들이 친구에게 더 인정받고 더 밝은 미소를 지으며 더 행복한 삶을 살아간다.

돈을 벌기 위해 가정이 파괴되고, 양심이 무너지고, 주위 사람들이 떠나가면 결코 행복할 수 없다. 돈을 벌어도 가정을 지키고, 양심을 지키고, 만족하고, 사람들에게 베푸는 삶을 살아가는 행복한 부자가 되어야 한다.

돈의 폐해 알려주기

아이들에게 "돈이 왜 좋니?"라고 물으면 수많은 대답이 쏟아진다. 반면 "돈이 왜 나쁘지?"라고 물어보면 고개를 갸우뚱하면서 대답을 못 하는 아이가 많다. 돈을 쫓다 보면 돈의 노예가 되거나 나쁜 짓을 저지를 수 있을 뿐만 아니라 가족 간에 싸움이 벌어진다는 이야기를 아이에게 해주며 돈의 폐해를 설명해 돈이 반드시 행복을 가져다주는 것은 아님을 상기시켜야 한다.

용돈의 10퍼센트로 나눔의 기쁨 가르치기

아이에게 용돈을 줄 때 10퍼센트를 떼어 모아 기부단체에 기부하거나 연말 구세군 냄비에 넣게 하자. 저금통이나 통장에서 10퍼센트를 떼어 좋은 일에 쓰도록 하면 아이는 돈의 아름다움을 느끼게 된다. 돈의 아름다움을 느낀 아이는 나중에 부자가 되어도 돈을 아름답게 쓸 줄 아는 행복한 부자가 될 것이다.

돈보다 중요한 것은 양심

돈을 주고 아이에게 거짓말을 시키거나, 가족의 잘못을 돈으로 얼버무리거나, 길거리에 떨어진 돈을 주워 갖거나, 성적을 올리기 위해서 돈을 상품으로 거는 행동은 하지 말자. 친척들이 주는 돈을 쉽게 받게 하거나, 아이에게 돈을 꾼 후 갚지 않거나, 돈을 집안 여기저기 놓아 아이를 돈의 유혹에 빠지게 하는 것도 조심해야 한다.

신문으로
아이와 함께 경제를 읽자

공부하느라 바빠서 집에서 신문을 읽는 아이는 드물다.
경제 신문을 읽는 아이는 더더욱 거의 없다.
하지만 신문, 특히 경제 신문은
경제의 흐름을 알려주는 부자의 첫걸음임을 명심하라.

초등학생에게 신문으로 교육을 하는 데는 한계가 있다. 신문은 어른을 위해 만들어졌기 때문에 사용되는 어휘가 어렵고, 논리적인 내용도 이해하기 어렵기 때문이다. 하지만 이런 까닭에 신문을 멀리하면 아이는 세상 돌아가는 모습을 알지 못하게 돼 나중에 경제적인 선택을 할 때 오류를 범하기 쉽고 큰 경제적 손해를 볼 수 있다. 신문이 왜 경제적 성공의 바로미터인가? 그것은 바로 신문을 읽음으로써 경제 흐름에 대한 혜안이 생기기 때문이다. 돈의 흐름, 투자의 흐름, 산업의 흐름, 사회의 흐름, 행정의 흐름 등에 대한 통찰력이 생긴다. 이 통찰력으로 투자, 구직, 구매, 소비, 창업 등 합리적인 경제활동의 맥을 짚어 실패하거나 뒤처지지 않게 된다. 대기업의 CEO들은 하루 일과를 신문 읽기로 시작한다. 이들은 세 종류 이상의 신문으로 세상을 보고, 특히 경제 흐름과 지식에서 영감을 얻어 회사의 발전에 큰 디딤돌을 마련한다.

옛날에는 수업의 양이 적었을 뿐만 아니라 업무도 과중하지 않아 고학년 아이들에게는 신문을 가지고 경제를 가르쳤다. 경제, 사회적 흐름을 발췌해 아이들에게 읽히고 경제 흐름을 이야기하는 단순한 과정이었다. 졸업 후 신문을 공부한 것이 큰 도움이 되었다고 말하는 아이가 몇몇 있었는데, 이 아이들은 지금도 신문을 정독하고 있다. 또한 자신이 갈 대학의 학과도 이미 선택했고, 앞으로 무엇을 해야 할지도 정해놓았다고 한다. 직업 교육을 따로 할 필요가 없는 셈이다.

신문으로 경제 상황 예측하기

경제 신문은 경제 소식과 상식 등이 자세하게 소개된 신문이다. 함께 경제신문을 읽으며 경제 용어, 경제 흐름을 이야기하다 보면 아이는 경제에 눈을 뜨게 된다. 특히 경제 신문에는 미래 경제를 예측하는 기사가 많이 실리는데, 이것을 읽고 아이와 토론하다 보면 경제를 예측하는 능력이 형성될 것이다.

경제의 인과관계를 파악하면 미래가 보인다

　경제는 물처럼 흐른다. 즉 인과관계가 있다. 경제 흐름을 알고 미래를 예측하는 능력이 있다면 경제적으로 성공할 수 있지만 그렇지 못하다면 실패하게 된다. 아이와 같이 신문을 읽으며 경제 흐름을 따라가 경제 예측의 안목을 키워줘야 한다. 신문을 2부 신청해 유용한 정보를 발견할 경우 한 부의 신문에서 그 내용을 오려 스크랩해놓으면 나중에 경제 관련 정보를 얻는 데 큰 도움이 된다. 특히 경제, 사회, 행정 등 분야별로 스크랩해놓으면 찾기 편하고, 분야별 흐름을 쉽게 간파할 수 있다.

바른 용돈 관리,
돈을 부리는 아이를 만든다

용돈을 잘 관리하면 돈을 관리할 능력이 길러지고,
돈이 나가고 들어오는 문을 알게 되며,
작은 돈이 모여 큰돈이 됨을 경험할 수 있다.

조사에 의하면, 많은 아이가 고등학생 때까지도 스스로의 선택과 판단으로 용돈을 사용할 기회를 갖지 못한다고 한다. 가장 큰 이유는 엄마가 아이들에게 필요할 때 주먹구구 식으로 돈을 주기 때문이다. 이렇게 자란 아이는 돈을 부릴 줄 모른다.

교실에서 살펴보면 용돈을 정기적으로 받는 아이가 의외로 적은데, 용돈을 정기적으로 받는 아이들이 돈을 규모 있게 쓰고 절약을 더 잘한다는 사실을 알 수 있다. 수련회, 소풍, 알뜰 바자회는 아이들이 돈을 쓰는 모습을 관찰할 수 있는 좋은 기회다. 용돈을 정기적으로 받는 아이들은 돈의 지출이 자신의 계획에 의해 적절하게 이루어져 낭비가 적은 데 반해 그때그때 돈을 받는 아이들은 충동적으로 물건을 한가득 사 순식간에 돈을 다 써버린다.

적은 돈을 제대로 쓰지 못하는 사람은 큰돈도 쓰지 못한다. 성인이 되어 돈을 벌더라도 용돈 관리로 합리적 소비를 한 경험이 없기 때문에 저축, 투자, 소비, 자산 관리가 서툴다. 이자율을 따져보지 않고 무조건 집에서 가까운 은행에 저축하고, 펀드나 보험 등에 관심이 적으며, 충동구매로 목돈을 지출하고, 자신이 가진 자산의 총액도 모른다.

유한양행의 창업주이자 전 재산을 사회에 기부한 유일한 박사는 아버지로부터 칭찬받을 만한 일을 할 때마다 용돈을 받고, 꾸중을 들을 경우 아버지가 용돈의 일부를 가져갔다고 한다. 돈이 없으면 빚으로 남겨 설날 세뱃돈으로 갚게 하는 철두철미한 용돈 교육을 받았다. 이런 교육을 바탕으로 경제관념을 배워 훗날 유한양행이라는 큰 기업을 세울 수 있었던 것이다.

용돈 벌기로 돈의 가치 알려주기

스스로 용돈을 벌게 하면 당연히 돈을 소중하게 여기게 된다. 그냥 받는 돈과 달리 심부름 등을 해 스스로 번 돈은 자신의 땀이 들어 있어 귀중하게 생각하기 때문에 쉽게 쓰려 하지 않는다. 아이가 집에서 돈을 벌 수 있는 일들의 목록과 이에 해당하는 일정한 액수의 쿠폰을 만들어 아이가 일할 때마다 쿠폰을 준 후 월말 용돈 정산 때 쿠폰만큼 용돈을 주자.

충동구매를 막는 지갑 속의 필기구

돈은 지갑에 넣어 가지고 다니게 하자. 그리고 사용처를 미리 종이에 써 지갑에 넣고 다니게 하자. 지갑에 작은 필기도구를 넣어두고 돈을 쓰면 바로 메모지를 꺼내 기록하게 한다. 이렇게 돈 관리 방법을 배우면 충동구매를 하지 않을뿐더러 절약하게 된다.

용돈 기입장으로 계획성 있게 지출하기

두말하면 잔소리다. 용돈 기입장을 쓰면 용돈이 어떻게 쓰이는지 한눈에 알아보고 수입과 지출을 확인해 합리적으로 지출할 수 있다. 아이의 용돈 기입장을 확인해 수입과 지출이 합리적인지, 낭비적인 요소는 없는지 확인하고, 이를 줄이는 방법을 이야기해 준다. 용돈 기입장을 꼼꼼히 작성하면 용돈을 올려주고, 그렇지 않으면 용돈을 깎는 방법으로 용돈 기입장을 작성하려는 동기를 심어주는 것도 좋은 방법이다.

부자의 첫걸음, 절약 교육

큰 부자가 된 사람들에게는 두 가지 공통점이 있다.
잔돈을 귀하게 여기고 돈을 안 쓰는 것만으로도
돈을 번다는 생각을 한다는 점이다.

가난한 사람은 나라가 구제할 수 있어도, 가난한 정신은 나라도 구제하지 못하는 법이다. 들어온 돈보다 나가는 돈이 많으면 절대로 가난에서 벗어나지 못한다. 쉽게 말해 적은 돈도 절약할 줄 알아야 한다. 절약은 다른 말로 '인내'라고 할 수 있다. 교실에서도 절약하는 아이들은 대개 참을성이 있다. 수련회 갈 때 가져온 돈을 조사한 다음 하루 이틀 뒤 남아 있는 돈을 조사해보았다. 신기하게도 참을성이 부족한 아이들은 하루 만에 돈을 모조리 다

써버렸지만 참을성이 있는 아이들은 이틀 후에도 돈이 대부분 남아 있었다.

참을성 없는 아이들에게 "너, 지금 가진 돈 있니?"라고 물으면 "없어요"란 대답을 자주 듣는다. 반면 참을성 있는 아이들은 "네, 있어요"라고 대답한다. 이런 아이들은 필요한 경우를 대비해 돈을 가지고 다니지만 충동에 쉽게 무너지지 않는다. 반면 참을성 없는 아이들은 돈이 있으면 즉시 쓰기 때문에 항상 주머니가 비어 있다. 충동적인 남자아이들보다 충동적이지 않은 여자아이들이 훨씬 더 절약을 잘한다는 사실은 이를 확실하게 입증해준다. 절약을 습관화하기 위해서는 충동적인 욕구를 잘 조절해 돈을 쓰게 하는 일이 반드시 필요하다.

절약 교육, 쓰지 않는 인내심이 먼저다

돈을 절약하는 방법을 배우기 위해서는 쓰지 않는 인내심을 배우는 것이 우선이다. 아이의 주머니에 일정 액수의 돈을 넣어준 후 그 돈을 일주일간 쓰지 않으면 보상하는 방법을 실천해보자. 아이가 돈이 있어도 쓰지 않도록 인내심을 길러준다. 수련회나 여행을 갈 때도 일정한 액수의 돈을 주고 반을 남겨오면 용돈을 두 배 주는 방법을 써보자. 충동구매를 하지 않고 절약하는 습관을 기를 수 있는 좋은 계기가 된다.

적은 돈의 소중함 가르치기

미국에서 실제 실험한 이야기다. 100명의 부자에게 은행에 1센트의 돈이 남아 있다면서 이 돈을 찾아가라고 편지를 보냈다. 그런데 놀랍게도 이들 중 상당수가 1센트를 찾아갔다고 한다. 적은 돈을 우습게 생각하는 사람은 서랍에 100원짜리가 굴러다니고, 택시나 슈퍼마켓에서는 몇 푼의 잔돈을 받아가지 않는다. 가랑비에 옷 젖는다. 집에 잔돈용 저금통을 마련해 1년간 잔돈을 모으면 얼마나 큰돈이 되는지 보여주자. 아이와 물건을 살 때도 반드시 잔돈을 챙기고, 심부름을 시킬 때도 꼭 잔돈을 확인하자.

목록으로 배우는 합리적 소비

물건을 사고 나서 집에 똑같은 물건이 있는 것을 발견하는 경우가 많다. 아이가 가지고 있는 물건의 목록을 만들어 물건의 이름, 개수, 있는 곳 등을 정리해놓는다. 아이와 같이 물건을 사러 갈 때는 반드시 아이와 협의해 사야 할 목록을 적은 후 금액을 계산해 딱 필요한 만큼의 돈만 가져간다. 물건을 살 때는 인터넷 등으로 물건의 종류, 가격, 품질 등을 조사해 비교한 뒤 구매하는 습관을 길러주자. 동네에서 싸고 좋은 물건을 파는 가게 목록을 약도와 함께 적어 냉장고 등에 붙여놓으면 현명한 용돈 관리에 도움이 된다.

상술의 유혹에서 아이 보호하기

과자 봉지는 부피가 크지만 막상 뜯어보면
내용물은 3분의 1도 들어 있지 않다.
흔들거나 봉지를 눌러 양을 확인했다면 부피에 속지 않았을 것이다.

　학교 주변의 문방구에 들어가보면 100원짜리 과자들이 있다. 품질이 조악하거나 몸에 해로운데도 아이들은 싼 맛에 그것을 사 가지고 교실에 와서 먹는다. 자칫 배탈이 나 병원비가 더 들어갈 수 있다. 싸다는 상술에 아이들은 쉽게 속는다.
　가게나 문방구 앞에서 흔히 뽑기 기계를 볼 수 있다. 백 원에서 몇백 원을 넣고 무엇인가를 뽑아 갖는 기계다. 실제로 돈을 넣어 뽑아보면 별것 아니지만 아이들은 그 기계에 무엇이 들어 있는지 궁금해 자꾸 동전을 집어 넣는다. 궁금함을 유발하는 상술이 아이들을 속이는 것이다.

캐릭터에 목숨을 거는 아이들도 있다. 가게에서 아이와 엄마가 실랑이하는 모습을 종종 볼 수 있다. 비슷한 옷인데도 캐릭터가 붙어 있어 가격이 두 배 이상인데 아이들은 캐릭터 옷을 고집한다. 물론 옷뿐만 아니라 신발, 문구용품, 과자 등에도 이런 상술이 적용된다. 아이들은 비싼 캐릭터 제품을 고르며 흐뭇해한다. 캐릭터라는 상술에 돈을 두 배나 줘야 하는데도 말이다.

텔레비전, 인터넷에는 아이들을 유혹하는 광고가 넘쳐난다. 처음에는 지나칠 수 있지만 자꾸 보면 동경심이 일어난다. 그리고 그것을 갖겠다는 욕구가 생긴다. 그래서 사달라고 엄마를 조르거나 자신의 용돈을 한순간에 써버린다. 정작 사고 나서는 그 물건이 그렇게 필요한 물건이 아님을 알게 되지만 이미 돈은 지갑에서 나간 후다.

큰 마트나 백화점 음식 매장에 가면 시식 코너가 마련되어 있다. 손님에게 음식을 무료로 맛보게 하는 코너다. 이 코너에 숨어 있는 경제의 원리를 알려주자. 무료로 음식을 맛보다 보면 그 물건을 사야 하는 부담감이 생겨 필요가 없는데도 물건을 구매하게 된다. 시식 코너 때문에 일부러 마트나 백화점에 가고 싶어지기도 한다. 또한 시식 코너를 돌다 보면 갈 필요도 없는 곳을 지나치게 되어 이 과정에서 충동구매로 인해 어느새 장바구니를 물건들로 가득 채우게 된다. 이같이 실생활에서 발견되는 상술의 원리를 아이에게 가르쳐주면 아이는 쉽게 자신의 지갑을 열지 않게 될 것이다.

전단지를 통한 실전 경제 교육

전봇대의 세일 전단지, 집 현관의 배달 음식점 전단지, 신문 사이에 끼어 들어오는 아파트 분양 광고 전단지, 폐업 세일 전단지 등을 모아 그 내용을 보면서 문제점이 무엇인지(아파트 광고일 경우 아파트를 크게 확대함), 함정은 무엇인지(만 원에 짜장, 짬뽕, 탕수육을 준다고 해서 시켜보면 양이 반 정도임), 속임수는 없는지(양복 한 벌에 3만 원이라고 광고하지만 막상 가보면 3만 원짜리 양복은 거의 없고 더 비싼 양복들만 진열되어 있음) 등을 살펴보고 직접 찾아가 확인하게 한다.

여러 가게를 둘러보고 가격 비교하기

물건을 살 때 한 가게에서 사지 말고 적어도 다섯 곳 이상은 둘러보게 한 후 물건을 비교하고 구입하도록 하자. 가격을 비교하고 같은 제품이라도 가게에 따라 물건값이 다름을 인지하게 한다. 그리고 가게마다 물건값이 다른 까닭을 찾게 하고, 가게마다 어떤 방법으로 물건을 팔고 있는지 파악하게 하자. 가게 주인은 물건을 팔기 위해 어떤 말을 하고 어떤 행동을 하는지 관찰하게 하고 그 까닭을 생각해보게 하는 것도 좋은 방법이다.

충동구매, 엄마부터 조심하자

자꾸 보면 사고 싶어진다. 홈쇼핑이나 인터넷 광고 등은 자극적인 말이나 문장, 화면 등으로 물건을 사고 싶게 만든다. 물론 필요한 물건은 사야 하지만 매체에 현혹되어 충동구매를 하다 보면 그만큼 지갑에서 돈이 빠져나가게 된다. 무엇보다 엄마 먼저 이러한 행동을 자제해야만 아이들도 따라하지 않는다.

내기하는 아이, 도박하는 어른 된다

교실에 딱지 치기 열풍이 불면 반드시 등장하는 게 왕딱지다.
작은 딱지를 가진 아이가 대박을 꿈꾸고 덤비지만
결국 자신의 딱지를 다 잃어 시무룩해한다.

급식 시간에 웃지 못할 일이 벌어졌다. 배식이 끝나고 볼일이 있어 잠깐 옆 반에 다녀왔더니 한 명이 울먹이며 앉아 밥을 먹지 않고 있었다. 왜 그런지 자초지종을 알아봤다. 그날은 아이들이 좋아하는 돈가스가 나왔다. 모두 한 개씩 받았는데 누군가 "야, 우리 가위바위보 해서 이긴 사람이 돈가스를 모두 갖자" 하고 제안했고 이에 네 명이 동의했다. 네 아이는 잘하면 돈가스 네 개를 먹을 수 있다는 대박의 꿈을 안고 가위바위보를 했고 결국 세 명은 돈가스를 먹지 못하게 되었다. 이 중 한 명이 빼앗긴 돈가스에 대한 미련을 버리지 못하고 훌쩍였던 것이다. 물론 돈가스를 모두 딴 아이는 친구의 슬픔에 둔감한 녀석이어서 자신이 딴 것을 줄 리 만무했다.

이긴 아이에게 화가 났지만 생각해보니 진 아이들이 더 괘씸했다. '요행을 바라다 망한 어른이 얼마나 많은데…….' 나는 돈가스를 찾아줄 방법을 생각하지 않고 이긴 아이를 계속 쳐다보며 밥을 먹었다. 얼마 지나지 않아 돈가스를 딴 녀석은 고개를 푹 숙이고 일어나 내게 돈가스를 가져왔지만 나는 못 본 척했다. 아이는 결국 돈가스를 다시 세 명의 친구에게 나누어주었다. 되찾은 돈가스를 먹는 아이들을 보며 '내기나 운으로 일확천금을 꿈꾸지 말고 지금 가지고 있는 돈가스 하나를 지키는 것이 너희에게는 더 실속 있는 일이야'라는 말을 마음속으로 건네보았다.

요행 바라는 부모가 아이의 허황된 꿈을 키운다

복권을 산다든가, 인터넷 고스톱을 하거나, 친척끼리 화투를 치거나, 경품이나 쿠폰을 타기 위해 물건을 사거나, 길거리 뽑기 게임을 하는 등 운으로 무엇인가 얻으려는 행위를 아이에게 보여주는 것은 절대 삼가야 한다. 아이에게 허황된 꿈을 꾸게 하지 말고 현실적으로 자기 손에 들어오는 작은 돈을 꾸준하게 모으면 부자가 될 수 있음을 가르쳐주자.

뽑기로 체험하는 대박의 허상

1번에서 20번까지 쓴 종이를 상자에 넣는다. 그리고 아이에게 100원짜리 열 개를 주고 번호를 하나 말하게 한다. 아이가 말한 번호와 같은 종이를 뽑으면 아이는 1000원을 받고, 뽑지 못하면 100원을 엄마에게 주는 식으로 뽑아보게 한다. 이렇게 계속 뽑다 보면 결국 아이는 돈을 모두 잃고 말 것이다. 확률이 낮은 일에 매달려 대박을 꿈꾸면 가랑비에 옷 젖듯 결국 돈을 잃게 됨을 알려주자.

내기 즐기는 아이에게 단호히 대처하기

노력이 필요 없는 허황된 일에 내기를 하는 아이들이 있다. "엄마, 만약 내 말이 맞으면 1000원 줘야 해", "엄마, 일본과 한국 중 누가 이길지 우리 내기하자"라는 식으로 내기를 즐기는 것이다. 이런 내기는 후에 복권, 경마, 도박과 같이 공짜를 요행으로 바라는 행동으로 발전하는 경우가 많다. 아이가 내기할 경우에는 하지 말라고 단호히 일러주자.